임동석중국사상100
백가성
百家姓

作者未詳 / 林東錫 譯註

錢鏐 五代 南唐의 군주 《백가성》과 깊은 관련이 있는 듯하다.

"상아, 물소 뿔, 진주, 옥, 진괴한 이런 물건들은 사람의 이목은 즐겁게 하지만 쓰임에는 적절하지 않다. 그런가 하면 금석이나 초목, 실, 삼베, 오곡, 육재는 쓰임에는 적절하나 이를 사용하면 닳아지고 취하면 고갈된다. 그렇다면 사람의 이목을 즐겁게 하면서 이를 사용하기에도 적절하며, 써도 닳지 아니하고 취하여도 고갈되지 않고, 똑똑한 자나 불초한 자라도 그를 통해 얻는 바가 각기 그 자신의 재능에 따라주고, 어진 사람이나 지혜로운 사람이나 그를 통해 보는 바가 각기 그 자신의 분수에 따라주되 무엇이든지 구하여 얻지 못할 것이 없는 것은 오직 책뿐이로다!"

《소동파전집》(34) 〈이씨산방장서기〉에서 구당(丘堂) 여원구(呂元九) 선생의 글씨

책머리에

    어릴 때 내 살던 동네는 온통 순흥안씨 집성촌으로 타성은 우리 집과 그 외 몇 집이 있을 뿐이었다. 그리고 동네는 '성成'자 돌림과 그 아래 항렬 '호鎬'자 돌림으로 내 또래는 삼촌, 사촌, 오촌, 8촌으로 그를 통해 나는 누가 누구와 몇 촌이며 그 할아버지는 같은 사람이었고 그 고모는 어떻게 가계가 얽혀있는 것이려니 하고 자연스럽게 배울 수 있었다. 그러면서 한편으로는 망골산 끝자락 우리 집은 그저 부모님과 우리 3남매가 오롯이 별세계에서 온 이방인처럼 느끼곤 하였다. 이에 아버지가 보물처럼 간직하고 있던 집안 대동보와 파보를 펼쳐놓고 설명을 듣고는 비로소 우리는 이렇게 살아왔고 우리 할아버지는 형제 중 몇 째이며 누구의 할아버지는 우리 할아버지의 아우이며 나아가 우리 집에 드나들던 작은 아버지는 셋째 할아버지가 아들이 없어 양자로 갔다는 등 내력을 알게 되었다. 그리고 백부, 숙모, 고모, 이모, 당숙, 이종, 고종, 외조모, 외당숙이 무슨 관계인지 헷갈릴 때면 어머니는 땅에 계보를 그림으로 그리면서 설명해 주곤 하셨다.

    세월이 흘러 친척도 제 살길 바빠 흩어지고 나아가 핵가족이니 외아들 외딸이니 하는 시대 흐름에 따라 도시생활, 산업화의 바쁜 일상으로 점차 소원해진 혈족 관계는 이제 내 딸에게 아무리 그런 관계를 설명해 주어도 그저 이는 학습 요소일 뿐 현실적으로는 피부에 와 닿지 않는 사어死語로 묻혀가는 것이 아닌가 허망할 때가 있다. 이러한 현상 속에 건조함을 넘어 '한 다리 건너 천리'요 '원친불여근린遠親不如近隣'의 안타까움 속에 그저 결혼식이나 경조사에 마지못해 가야 하는 부담감으로 다가오고 있으며, 눈에 멀어 마음에도 멀어지는 세태를 힘겹게 살고 있는 군상 중의 하나가 된 것이다. 우리는 지금 농업 사회의 정착민이 아니라 도시 속의 유목민이 되어 뿌리 없는 부평초가 된 채 박제된 족보를 껴안고 있는 셈이 되고 만 것이 아닌가 한다. 민족 전체의 역사에 대해서는 털끝만큼의 오류나 한 줄이라도 잘못된 서술이 있는 역사교과서가 나타나면 온 국민이 신경을 곤두세우고 반응을 보이면서 어찌 내 핏줄의 내력에 대해서는 무지한 상태로 생육을 이어가고 있는가?

우리는 누구나 성씨를 가지고 있다. 적어도 우리는 그 뿌리에 대하여 아련한 향수를 가지고 있다. 그럼에도 나의 이 성씨가 어떤 연유를 가지고 지금 나를 형성하고 있는지에 대해서는 신화 속의 일처럼 여기며 제대로 파악하지 못하고 있는 사람을 가끔 보게 된다. 현실이 급하고 그저 생업이 바쁜 때문이리라.

이에 우선 고전 역주의 한 분야로 중국 《백가성》을 들여다보았다. 중국 송나라 때 나온 것으로 504개의 중국 성씨를 운韻에 맞추어 정리한 지극히 평범하고 하찮은 아동용 몽학서蒙學書이다. 중국은 지금도 책방마다 이 책이 《삼자경三字經》, 《천자문千字文》과 함께 소위 '삼백천'三百千이라 하여 어린이 도서 첫머리에 진열되어 쉽게 접할 수 있게 되어 있다. 나아가 중국 어린이 라면 누구나 "조趙(zhào), 전錢(Qián), 손孫(sūn), 리李(Lǐ)"하고 운에 맞추어 입에 줄줄 외우며 다닌다. 그리고 어린 시절 이를 통해 주위 사람의 성씨를 익히고 아울러 한자도 자연스럽게 익히는 이중 소득을 얻고 있다. 지금 만나는 중국인에게 이 《백가성》 이야기를 꺼내면 즉시 "아, 내 어릴 때 외우 느라 고생했지요. 조전손리趙錢孫李……라구요"하며 입에 한참을 쏟아낸다. 우리도 중고등학교 때는 교복 가슴에 한자 명찰을 달고 다녀 이를 통해 한자도 알고 성씨도 알았다. 지금 기억에도 '남궁南宮, 간簡, 감甘, 도都, 제諸, 가賈, 표表' 등 몰랐던 희귀한 성씨도 있구나 하고 느꼈던 기억이 생생하다.

중국에는 지금 성씨를 통한 뿌리 찾기에 열기가 한창 달아오르고 있다. 지난 여름 산서성山西省을 여행할 때 교가대원喬家大院, 거가대원渠家大院, 왕가대원王家大院, 삼다당三多堂, 曹氏豪宅 등을 둘러보며 자료를 모을 기회를 얻었었다. 그 외 그곳에는 온통 성씨별 장원莊園과 항진巷鎭이 즐비하였는데 모두가 자신의 성씨 뿌리 찾기인 '심근려유尋根旅游' 팀을 만들어 찾아온 탐방객으로 발 디딜 틈이 없을 정도였다. 그리고 지난해에는 멀리 운남雲南 루구호瀘沽湖 나시족納西族 모쏘인摩梭人의 모계사회 원형도 살펴볼 수 있었다.

우리나라 성씨도 중국에 연원을 두고 있는 성씨가 적지 않다.
이를테면 필자만 해도 평택임씨平澤林氏《대동보大同譜》에는 "우리 임씨의 득성에 대한 설은 두 가지이다. 하나는 당요唐堯 때 어떤 신인이 기주 태원현의 쌍목 아래로 내려왔는데 모습이 위대하고 재지가 뛰어나 임씨 성을 하사하였다는 것과 또 하나는 은나라 왕자 비간의 아들이 자가 견으로 장림산에 은거하여 임자를 성씨로 삼았다는 것이다"(吾林得姓之源有二說: 一唐堯初, 神人降于冀州太原縣雙木下, 容狀甚偉, 才智過人, 因以賜姓林氏云. 一殷王子比干之子諱堅, 隱於長林山, 故以林字爲姓云)이라 하여 아예 중국 성씨에 근원을 두고 있으며, 한국에서의 평택임씨가 있게 된 〈환관사유還貫事由〉에는 "팽성은 평택의 옛 이름으로 한림학사를 지낸 휘 임팔급이라는 분이 당나라에서 참훼를 입어 쫓겨나 팽성의 용주방에 정박하게 되었다. 뒤에 평택백에 봉해졌으니 이가 바로 우리 동방 임씨의 시조이다"(彭城, 平澤古號. 翰林學士林公諱八及, 自唐被讒見逐, 來泊于彭城龍珠坊, 後封平澤伯. 卽東方吾林之始祖也)라 하여 당나라 한림학사를 지낸 휘諱 임팔급林八及이라는 분이 중국에서 핍박을 받아 한반도로 건너와 지금의 경기도 평택에 자리를 잡고 뒤에 평택백으로 봉을 받아 첫 임씨 시조가 된 것으로 되어 있다.

이처럼 중국에서 온 귀화하여 동방의 성씨가 된 내력으로부터 아예 중국 지명을 본관으로 그대로 쓰는 예도 있으며 중국 성인이나 귀인의 성씨라고 자랑스럽게 여기는 경우도 있다. 따라서 이《백가성》은 우리 성씨를 연구하고 득성의 내력을 밝혀낼 수 있는 소중한 자료임에는 틀림없다.

그러나 지금 우리는 성을 모두 한글로만 표기하고 나아가 원음도 지키지 않음으로 인해서 성씨의 구분이 어렵고 변별지표로써의 기능도 퇴색되어 가고 있다. 나아가 경우에 따라서는 부계중심에서 모계까지의 선택도 가능하여 이제 이름 앞에 붙는 대단위 포괄적 성씨로 의미가 확대되어 가는 것이 아닌가 여겨진다. 물론 시대의 흐름을 거역할 수는 없지만 그래도 법률 문서에는 한자로 병기하여 그 뿌리가 어딘지 정확히 알 수 있도록 해야 할 것이 아닌가 한다. 이《백가성》은 그러한 의미에서 우리의 성씨에 대한 선행 연구 자료로 우선 초보적인 해석서를 내놓게 되었다. 물론 중국 성씨학이나 보학에 깊은 연구나 견식이 있는 자가 아닌 필자로서는 그저 중국의 자료를 모아 번역 역주한 정도에 그친 정도임을 이해해 주기를 바란다.

茁浦 林東錫이 負郭齋에서 적다.

일러두기

1. 이 책은 민국초民國初 석인본石印本《백가성百家姓》을 기본으로 하여 《백가성百家姓》마자의馬自毅・고굉의顧宏義(注譯. 三民書局 2005. 臺北) 현대 역주본을 근거로 완역한 것이다.
2. 그 외《중국성씨대탐원中國姓氏大探源》이호연李浩然(編著. 中國長安出版社 2006. 北京)과《중국백가성심근유中國百家姓尋根游》황리黃利・주굉周宏(主編. 陝西師範大學出版社 2007. 西安)은 연구와 역주에 큰 도움을 주었음을 밝힌다.
3. 한편 북경연산출판사北京燕山出版社 본은 원문만 제시되어 있으며 그 밖의 지금 중국 전체에 널리 퍼진《백가성》은 어린이용, 혹은 국학용으로 그저 504개의 성씨 나열에 그쳐 앞에 밝힌〈삼민본〉에 전적으로 의존할 수밖에 없었음을 밝힌다.
4. 전체 성씨 504개를 일련번호를 부여하고 그 음은 한국어와 중국어 한어병음방안자모로 실어 대조와 연구, 그리고 검색에 용이하도록 하였다.
5. 성씨별로 원류를〈삼민본〉에 의해 번역하고 역시 그 책에 제시된 역사상 주요 인물을 나열하였다.
6. 부록에는〈삼민본〉에 실린 현존《백가성》에 수록되지 않은 138개 성씨를 그대로 번역하여 제시하였다. 그리고 민국초民國初 석인본石印本《백가성》전체를 영인하여 실어 연구와 검색에 도움이 되도록 하였다.
7. 해제의「한국의 성씨」부분은《한국의 성씨 이야기. 흥하는 성씨 사라진 성씨》(김정현 지음. 2001. 조선일보사)를 기본으로 참고하여 정리 요약하였음을 밝힌다.
8. 이 책을 역주함에 참고한 주요 문헌은 아래와 같다.

❋ 참고문헌

1. 《百家姓》馬自毅·顧宏義(注譯) 三民書局, 2005. 臺北
2. 《百家姓》張兆裕(編著) 北京燕山出版社, 1995. 北京
3. 《百家姓》劉學隆 國學出版社, 1974. 基隆 臺灣
4. 《百家姓》(〈國學經典〉) 錢玄溟(編撰) 中國長安出版社, 2006. 北京
5. 《百家姓》劉德來(編) 時代文藝出版社, 2002. 長春 吉林
6. 《百家姓》杜海泓(編) 華文出版社, 2009. 北京
7. 《百家姓》李盛强(編) 重慶出版社, 2008. 重慶
8. 《中國姓氏大探源》李浩然(編著) 中國長安出版社, 2006. 北京
9. 《中國百家姓尋根游》黃利·周宏(主編) 陝西師範大學出版社, 2007. 西安
10. 《百家姓》(〈中國名著〉) 姚麗萍·顏朝輝(編著) 中國戲劇出版社, 2005. 北京
11. 《華夏姓名面面觀》王泉根(著) 廣西人民出版社, 1988. 南寧
12. 《怎樣起名·姓名趣談》蔡萌(編著) 華夏出版社, 1988. 北京
13. 《한국의 성씨와 족보》이수건 서울대학교 출판부, 2003. 서울
14. 《한국의 성씨 이야기(흥하는 성씨 사라진 성씨)》김정현 조선일보사, 2001. 서울
15. 《韓國姓氏大觀》최덕교 창조사, 1971. 서울
16. 《中國大百科全書》(民族) 中國大百科全書出版社, 1986. 北京

해제

1. 《백가성》의 찬술

《백가성》은 《삼자경》·《천자문》과 함께 소위 '삼백천三百千'이라 불리는 중국 고대 대표적인 아동용 동몽서童蒙書의 하나이다. 중국 송宋나라 건국(960)부터 오월국吳越國이 송나라에 귀순한 978년 사이에 이루어진 것으로 보고 있다.

이 책의 작자(편자)는 알 수 없다. 다만 남송南宋 왕명청王明淸은 《옥조신지玉照新志》라는 책에 처음으로 이 책을 거론하여 "兩浙錢氏有國時, 小民所著"라 하여 전씨錢鏐가 절강浙江에 오대십국五代十國의 하나였던 오월국을 가지고 있을 때 어떤 백성이 지었을 것으로 보았다.

그 뒤 명대明代 이후李詡는 왕명청의 의견을 통괄하여 그저 "必宋人所編也"라 하였고, 청淸 강희康熙 연간의 왕상王相, 晉升은 다시 "宋初, 錢塘老儒所作"이라 하였다. 결국 누가 편찬했는지는 알 수 없었던 것이다.

그런데 이 책은 4자 8구에 압운을 한 운문韻文 형식을 취하고 있으며, 그 첫머리가 바로 "조전손리趙錢李孫"으로 되어 있다. 이에 따라 '조趙'는 북송의 개국 군주 조광윤趙匡胤의 국성國姓을 내세운 것이며, '전錢'은 오월국 국왕 전류錢鏐의 성씨, 그리고 '손孫'은 전류의 손자 전숙錢俶의 정비正妃이며, '이李'는 남당(南唐, 937~975) 군주 이변李昪을 가리킨다고 본 것이다.

이 오월국은 지금의 절강, 강소 지역에 전류가 세웠던 나라로 907년부터 978까지 이어져 왔다. 그 나라는 후량後梁 태조太祖로부터 13주州를 다스리도록 왕으로 허락을 받았다가 송나라 조광윤이 송나라를 세웠을 때 그대로 존속하였으나 결국 978년 전류의 손자 전숙錢俶이 나라를 송나라에 바치게 된다. 그로 인해 전숙은 송 태조 조광윤으로부터 등왕鄧王으로 책봉되면서 태사상서령겸중서령太師尙書令兼中書令의 직함을 얻게 된다. 이에 그는 자신의 고국 오월국 노유老儒들이 복종하지 않을 것을 걱정하여 조성趙姓을 앞세우고 다시 자신의 성과 자신의 정비의 성씨, 그리고 남당(이변)의 남방 대성을 앞으로 내세워 《백가성》을 짓도록 하였을 것이라 하였다.

앞서 밝혔듯이 이 책은 그저 성씨를 나열하되 격구隔句 끝자를 압운한 정도이며 그 순서는 기준은 없고 게다가 넉자 혹은 여덟 자가 뜻이 있는 문장을 이룬 것도 아니다. 그럼에도 운에 맞추어 읽고 외우기에는 어린이들에게는 더 없이 좋은 자료가 된 것이다.

당시 이 책의 초기본은 472자 단성單姓 408, 복성複姓 30(60자) 그리고 맨 끝에 "백가성종百家姓終" 4글자로 이루어져 있다. 그러나 지금 통행본은 모두 568자 단성 408, 복성 60(120자)으로 504개의 성씨를 싣고 있다.

한편 송대 이미 이 책의 아류로 《천가편千家編》이 있었으며 명대 《황명백가성皇明百家姓》은 당시 명나라 왕성 주씨朱氏를 앞으로 내세워 "주봉천운朱奉天運, 부유만방富有萬方. 성신문무聖神文武, 도합도당道合陶唐"으로 이어지고 있으며, 청대 강희康熙 연간 출간된 《어제백가성御制百家姓》은 공자의 공씨孔氏를 시작으로 하여 "공사궐당孔師闕黨, 맹석제량孟席齊梁, 고산첨앙高山詹仰, 추로영창鄒魯榮昌, 염계종정冉季宗政, 유하문장游夏文章"으로 이어지고 있다. 그러나 지금 통행본은 초기본 《백가성》 그대로 순서를 지키며 다만 복성이 증가되어 있다.

2. 《백가성》의 변천

　이《백가성》은《삼자경》이나《천자문》과 함께 아동 몽학서로 그 이름을 널리 떨치고 있지만 실제《삼자경》이 송대 대유大儒 왕응린王應麟이라는 이름이 관련된 점이나《천자문》이 양梁 무제武帝와 왕희지王羲之, 지영智永 등 엄청난 권위와 영향력이 있는 대가들과 연관된 점에 비하면 편자의 이름도 없고 문장도 이루지 못한 통속본일 뿐이었다. 이처럼 시작은 아주 미미하고 보잘것없으며 지금 통행본도 겨우 12쪽 정도의 얇은 책이었지만 그럼에도 지금까지 널리 읽히고 퍼진 것은 그 나름대로 이유가 있다. 바로 천하 누구나 성씨를 가지고 있는 성씨라는 것을 자료로 삼아 아동들로 하여금 문자를 익힘과 함께 주위 함께 사는 이웃의 서로 다른 성씨를 익히고 이해함으로써 화합과 단결을 통해 유기적 공동체를 이룰 수 있도록 해 주어왔기 때문이다.

　이토록 무려 천여 년이 넘도록 이어오면서 일부 학자들의 단편적 기록에 의해 그 일부를 알아볼 수 있는 것은 이 책이 그야말로 통속적이요 아동용이었기 때문이었다. 그 기록은 앞서《옥조신지》에 처음 기록을 남긴 이래 그 뒤 남송 애국시인 육유陸游, 放翁은 〈추일교거秋日郊居〉라는 시 "授罷村書 閉門睡" 구절의 자주自注에 "《雜字》·《百家姓》之類, 謂之村書"라 하여 당시 이 책이 민간에 널리 퍼져 있었음을 알게 해주고 있다. 그리고 명대 여곤呂坤은 《사학요략社學要略》에서《백가성》을 두고 "일상생활에 필요한 책"以便日用 이라 하여 긍정적인 평가를 내렸으며, 청대 왕상王相은《백가성고략百家姓考略》이라는 글을 지어 "百家姓傳播至今, 童蒙誦習, 奉爲典冊"이라 하여 아동용으로 매우 중요한 책임을 강조하기도 하였다.

3. 《백가성》의 판본

지금 전하는 《백가성》은 대체로 3종류로 나누어 볼 수 있다.

우선 가장 널리 퍼져 있는 통속본 568자본으로 단성 444, 복성 60(120자), 그리고 끝에 "백가성종百家姓終"(지금 전하는 판본은 오히려 '百家姓續'으로 되어 있음) 4글자로 마무리 된 판본이다.

다음으로 472자의 단성 408, 복성 30(60자)이며 역시 끝에 "백가성종百家姓終"으로 끝을 맺은 판본이다.

마지막으로 같은 472자이며 단성도 408자이되 복성이 32(64자)인 것으로 이는 끝의 "백가성종百家姓終" 대신 "선우려구鮮于閭邱"의 선우鮮于씨와 여구閭邱씨를 넣어 마무리한 판본이다. 뒤의 두 판본은 청대 초기 이전까지 널리 유행하던 판본이며 앞의 첫째 것은 청말淸末에 나와 지금 널리 퍼진 판본이다. 뒤 두 판본은 명대 이후 李詡는 《계암노인만필戒庵老人漫筆》에 "百家姓一書, 四言成句, 單姓四百零八, 複姓三十……余兒時習之, 今書肆所鬻猶然, 此世傳本也"라 하여 당시까지 472자본이었음을 알 수 있다. 그리고 그는 당시 맨 끝 부분 "백가성종百家姓終" 대신 "선우려구鮮于閭邱"로 바뀐 판본이 있음도 지적하여 두 종류가 있었음을 밝히고 있다.

그러다가 청대 초기 낭야인琅琊人 왕상이 《백가성고략》을 쓸 때는 도리어 같은 472자본 중에 "백가성종百家姓終"으로 된 것을 근거로 한 것으로 보아 "선우려구"는 선우씨나 여구씨 성씨를 가진 어떤 사람이 이를 고쳐 유행시킨 것이 아닌가 한다. 지금 통속본(568자)에는 이 "선우려구鮮于閭邱" 두 복성이 아예 본문에 실려 있고 끝은 초기본대로 "백가성종"으로 다시 환원되어 있다. 지금 통행하고 있는 통속본은 따라서 청대 후기 이루어진 것이며 바로 《증광백가성增廣百家姓》의 그림이 있는 판본이 나오면서 단일본으로 널리 유행된 것으로 보인다.

그러나 이 백가성은 초기본 이후로 역시 개정과 변화를 겪은 것으로 보인다. 즉 원대 지정至正 3년(1343) 오吳 지역(지금의 江蘇 蘇州)에 《강변안江邊岸》이라는 책에 수록된 《백가성》은 송대 판본의 개작으로 여기에는 복성이 43개 실려있다. 그리고 앞서 설명한 대로 명대 주자를 처음으로 한 《황명백가성》과 청대 성조(聖祖, 愛新覺羅 玄燁)가 제정한 《어제백가성》은 공자를 앞세웠으며 이어서 청 함풍咸豐 연간 정안丁晏이 편찬한 《백가성삼편百家姓三編》은 원래 문장을 이루지 못한 채 낱개 성씨의 나열에 불과하던 내용을 뜻이 되도록 재구성한 책을 만들어 내기도 하였다. 즉 "咸豐萬壽, 安廣吉康, 國家全盛, 胡越向方"하는 식이다. 그 외 청대 이 《백가성》에 대한 연구와 주석서로는 황성주黃星周의 《백가성신전百家姓新箋》, 왕상의 《백가성고략》과 왕용王鏞의 《백가성수사百家姓廋辭》 등이 있다.

4. 중국 성씨와 '군망郡望'

《백가성》 원본을 보면 성씨의 글자 옆에 작은 글씨로 군 이름이 적혀 있다. 이를테면 "조趙(天水郡), 전錢(彭城郡), 손孫(樂安郡), 이李(隴西郡)"하는 식이다.

이를 군망郡望이라 하며 이는 우리나라 본本, 본관本貫, 관향貫鄕, 적관籍貫의 개념과는 의미가 약간 다르다. 우리는 처음 첫 시조가 취성取姓, 혹 득성得姓을 한 지명, 혹은 사성賜姓으로 받은 지명 등이 그 본관이다. 주로 군郡 이름이나 주州 정도의 지역이지만 일부 고대 큰 지명이었으나 지금은 아주 작은 지역으로 바뀐 경우도 있다.

그러나 중국에서는 어느 지역郡에서 망족望族, 큰 문벌門閥로 발전하여 집성군集姓郡을 이루었는가 하는 의미가 더 크다. 그 뒤 비록 그 군에서 떠났다 해도 그 군망은 하나의 성씨 구분 표지로 따라다니는 것은 우리의 본관이 늘 성씨를 따라다니며 같은 글자를 쓰는 성씨일지라도 구분 표지가 되는 것과 같다. 즉 우리의 '김해김씨金海金氏'니 '경주김씨慶州金氏' 하여 같은 성씨이면서도 그 본本 다르다고 우리는 누구나 알고 있다.

중국의 군망은 위진 때부터 당대에 이르기까지 군마다 그 곳의 현달한 대족가문을 대표적으로 일컬어 앙망하던 하나의 풍습인 셈이었다. 원래 군은 춘추시대부터 있어온 각 지역 행정구획이며 처음에는 수도(도읍)로부터 먼 지방에 설치하였으나 뒤에 점차 국토 전체를 알맞게 구분하여 행정의 편의를 도모하였던 것이다. 그러다가 진시황이 전국시대를 마감하고 중앙집권제도를 확립하기 위하여 주대의 봉건제封建制를 폐지하고 소위 군현제郡縣制를 실시하면서 구체화되었다.

진시황은 천하를 36개 군으로 나누었는데 구체적으로 삼천三川, 하동河東, 남양南陽, 남군南郡, 구강九江, 장군鄣郡, 회계會稽, 영천潁川, 탕군碭郡, 사수泗水, 설군薛郡, 동군東郡, 낭야琅琊, 제군齊郡, 상곡上谷, 어양漁陽, 우북평右北平,

요서遼西, 요동遼東, 대군代郡, 거록鉅鹿, 한단邯鄲, 상당上黨, 태원太原, 운중雲中, 구원九原, 안문雁門, 상군上郡, 농서隴西, 북지北地, 한중漢中, 파군巴郡, 촉군蜀郡, 검중黔中, 장사長沙, 내사內史였다. 그 뒤 다시 군을 더 설치하여 민중閩中, 남해南海, 계림桂林, 상군象郡, 광양廣陽, 하간河間, 초군楚郡, 陳郡, 동해東海 등 40여 개 군으로 증가하였다.

  한漢나라가 들어서면서 봉건제와 군현제를 절충하여 소위 군국제郡國制를 실시하였다. 이에 서한西漢 말에는 무려 103개 군이 설치되었으며 동한東漢 때는 105개, 그 뒤를 이은 왕조들도 이를 형식적으로 답습하여 삼국시대에는 167개 군으로 증가하였다. 수隋나라는 '주군현州郡縣' 제도를 실시하여 초기에는 무려 241주州, 680군으로 늘어났으며 천하의 군을 재조정하여 큰 혼란을 빚기도 하였다. 당을 거쳐 송나라에 이르면서 점차 이 제도가 쇠퇴하여 송나라 초기 이 군현제는 폐지되고 말았다. 따라서 여기서의 군망은 실제 한위漢魏 시대를 거쳐 수당隋唐 때까지의 시기에 이미 성씨에 대한 지역 군과의 연결고리였으며 이것이 지금 그대로 성씨 구분의 표지로 내려오고 있는 것이다. 한편 이들 군망에 해당하는 망족들은 일부 세력을 과시하고 과거 영화를 그대로 누리고자 혼인과 신분, 재산 등에 횡포를 부리기도 하여 당唐 태종太宗 때는 이에 대한 대대적인 정리작업을 벌이기도 하였다.《貞觀政要》 참조)

5. 성姓과 씨氏

성姓과 씨氏는 어떤 의미인가 하는 점이다.

원래 "고대에는 남자는 씨를 칭하고 여자는 성을 칭하였다"(三代之前, 姓氏 分而爲二, 男子稱氏, 婦人稱姓. 《通志》氏族略序)라 하였는데 이는 '氏'는 지역과 집단을 뜻하며, '姓'은 어머니를 통한 혈통을 뜻하였다는 말이다. 이를테면 황제黃帝 헌원씨軒轅氏는 성은 희씨姬氏였으며 그 나라는 유웅국有熊國이라 하였다. 여기서 헌원은 지역, 지연, 무리를 뜻하며 그에 소속된 인물로 혈통을 따져들면 모계가 희씨였고 그 전체를 아우르는 나라는 유웅국으로 아마 곰을 토템으로 하는 부족이었을 가능성이 있다. 상고시대 성이라는 것이 없었으나 황제黃帝가 율려律呂를 불어 그 음에 맞추어 성을 정하였다고 한다. 그러나 이는 전설에 불과하며 그 이전에 이미 염제炎帝 신농씨神農氏, 姜姓, 태호太昊 복희씨伏羲氏, 風姓 등이 있었다. 따라서 성은 모계사회에서 어머니의 혈통에 따른 표지標識였으며, 씨는 아버지 집단의 사회생활을 위한 표지였음을 알 수 있다. 이에 따라 지금도 모계혈통의 흔적을 그대로 가지고 있는 성인 '女'자와 결합된 글자의 성 희姬, 강姜, 요姚, 규嬀, 사姒, 영嬴, 임姙 등이 존속하고 있다. 또한 부계의 집단을 표시하는 부락, 부족, 족류, 초보적인 국가를 구분하기 위한 씨라는 명칭은 일찍부터 있어 왔다. 이를테면 반고씨盤古氏, 천황씨天皇氏, 인황씨人皇氏, 지황씨地皇氏는 물론 그 뒤 인류 문명과 도구, 발명, 발견 등과 연관된 명칭으로 유소씨(有巢氏, 집), 수인씨(燧人氏, 불), 복희씨(伏羲氏, 축목), 헌원씨(軒轅氏, 각종 기구 발명) 등이 있었고, 그 외 토템이나 활동, 지명 등과 연관된 것으로 공공씨共工氏, 백황씨柏黃氏, 혁서씨 赫胥氏, 곤오씨昆吾氏, 갈천씨葛天氏, 무회씨無懷氏, 여와씨女媧氏 등 소위 '씨'로 불리는 집단이 셀 수 없이 많다.(《潛夫論》참조)

그리하여 근친결혼의 폐단을 피하기 위해 동성불혼同姓不婚의 기준으로 "明血緣, 別婚姻"을 내세운 것이다. 이는 지금 모계사회의 주혼走婚 풍습이 남아 있는 중국 운남雲南 루구호瀘沽湖 나시족納西族 모쏘인摩梭人의 경우를 보면 쉽게 알 수 있다.

이어서 역사가 흐르면서 중국 성씨는 대체로 첫째 모계 성씨에서 비롯된 다음 부계 사회로 바뀌면서 혈통과 가계의 표지를 위해 성을 갖기 시작하였는데 그 연원은 각기 지명이나 국명, 식읍 이름, 분봉 지역 이름 등에서 유래되기도 하였고, 토템이나 자연물에 대한 정령精靈 신앙에서 나온 것도 있다. 그런가 하면 족호나 관직 이름, 조상의 이름, 자, 호에서 비롯된 것, 외래 귀화 성씨, 변성, 개성, 간지, 수량, 항렬에 따른 것도 있으며 사성賜姓, 사씨賜氏, 모성冒姓, 개성改姓, 부성附姓, 절성竊姓 등 이루 헤아릴 수 없이 다양하다.

6. 중국의 '성씨학姓氏學'

중국에는 성씨의 발전과 변천을 연구하는 학문으로 '성씨학'이라는 것이 있다. 우리나라의 보학(譜學, 族譜學)과 같은 것이다. 이는 고고학, 역사학, 인류학, 언어문자학, 문화사, 민속학, 사회학 등 다양한 학문의 도움을 받아야 가능한 분야이다. 중국의 기록으로 최초 이 성씨학에 대한 언급은 춘추春秋시대 이미 시작되었다. 등명세鄧名世의《고금성씨서변증古今姓氏書辨證》서문에 "春秋時, 善論姓氏者, 魯有衆仲, 晉有胥臣, 鄭有行人子羽, 皆能探討本源 自炎黃而下, 如指諸掌"이라 하였다.

이어서 전국戰國시대 최초로 성씨에 대한 기록《세본世本》15편이 있었다고 한다. 고사손高孫似의《사략史略》에 의하면 이 책은 "古史官記黃帝以來, 迄春秋帝王公卿諸侯大夫譜系"라 하였다. 원서는 이미 사라졌으나 청대 전대소錢大昭와 왕모王謨의 집일본輯佚本에〈서록序錄〉의하면 "欲稍知先古世系源流, 捨世本, 更別無考據"라 하였다.

한편 당시《좌전左傳》과《국어國語》, 그리고 한대漢代 사마천司馬遷의《사기》등은 비록 성씨에 대한 전문서는 아니지만 이 방면 연구에 많은 자료를 제공하고 있다. 그 뒤 서한西漢 사유史游의《급취편急就篇》에〈성명편姓名篇〉이 있어 초보적인 성씨에 대한 아동용 몽학서로 빛을 발하기 시작하였고, 동한 때 왕부王符의《잠부론潛夫論》과 응소應劭의《풍속통風俗通》역시 성씨학 연구에 도움을 주는 저작들이다.

그리고 구양수歐陽修는〈숭문총목서석崇文叢目敍釋〉에서 "昔黃帝之子二十五人得姓命氏, 由其德之薄厚; 自堯舜夏商周之先, 皆同出於黃帝, 而姓氏不同. 其後世封爲諸侯者, 或以國爲姓, 至於公子公孫官邑諡族, 遂因而命氏,

其源流次序,《帝繋》·《世本》言之甚詳. 秦漢以來官邑諡族, 不自別而爲姓, 又無 賜族之禮. 至於近世遷徙不常, 則其得姓之因, 與夫祖宗世次人倫之記, 尤不可 以考"라 하였다.

그 뒤 각 성씨들은 "일가일성지사一家一姓之史"의 족보를 마련하여 자신들의 긍지를 높이고 자손에게 이를 일러주기 위한 자료와 근거로 삼기 시작하였다. 이리하여 가보家譜, 가승家乘의 형태로 나타나게 되었다. 그러자 이들을 연결 하여 하나의 유기적 연관관계를 풀어보려는 시도가 시작되었는데 이를테면 진晉 가필賈弼은 《성씨부장姓氏簿狀》에서는 "三世傳學, 凡十八州士族譜, 合百 帙七百餘卷, 該究精悉, 當世莫比"(《南齊書》家淵傳)라 자랑할 정도로 취지와 내용 및 분량을 밝히기도 하였다. 그리고 당唐 태종太宗은 《대당씨족지大唐 氏族志》100권을 짓도록 하여 9등等, 293성姓, 1651가家를 수록하였고, 뒤를 이어 《성계록姓繋錄》200권을 완성하기도 하였다.

다시 당 헌종憲宗 원화(元和: 806~820) 연간에는 이길보李吉甫 등에게 칙명을 내려 《원화성찬元和姓纂》 10권을 짓도록 하여 본격적인 성씨학의 큰 흐름을 형성하게 된다. 그리고 북송 때 아동용 《백가성》이 출현하였으며 전문서 로서 전명일錢明逸의 《희성녕찬熙姓寧纂》과 관찬의 《송백관공경가宋百官公卿家譜》 가 나타나게 되었다. 이에 따라 남송 등명세鄧名世와 그 아들은 수십 년의 노력을 기울여 《고금성씨서변증古今姓氏書辨證》 40권을 지었고, 비슷한 시기 정초鄭樵는 《통지通志》 씨족략氏族略을 지어 당시 중국 성씨학의 쌍벽을 이루게 되었다. 그 외에도 송대에는 성씨학이 풍조를 이루어 소사邵思의 《성해姓解》 3권과 왕응린王應麟의 《성씨급취편姓氏急就篇》 2권도 이 때 출현하기도 하였다.

명대明代에 이르러서는《고금만성통보古今萬姓統譜》104권과 진사원陳士元의 《성휴姓觿》10권 등이 나왔다. 그리고 이를 세분화하여 양신楊愼의《희성록 稀姓錄》5권과 류문상劉文相의《희성존참稀姓存參》2권, 하수방夏樹芳의 《기성통奇姓通》14권 등도 나오게 되었다.

다음으로 청대淸代에는 고증학의 발달로 이에 대한 연구가 활발하여 황본기 黃本驥의《성씨해분姓氏解紛》10권, 장주張澍의《성시심원姓氏尋源》10권· 《성씨변오姓氏辨誤》1권·《성운姓韻》《요금원삼사성씨록遼金元三史姓氏錄》《고금 성씨서목고증古今姓氏書目考證》 등 장씨의 '성씨오서'로 널리 알려지게 되었다. 그 외에 역본랑易本烺의《성휴간오姓觿刊誤》1권, 진정위陳廷煒의《성씨고략 姓氏考略》1권이 있었으며, 여성의 성씨를 집중적으로 고증한 고유복高有復의 《명원시족보名媛氏族譜》2권, 소지한蕭智漢의《역대명현열녀성보歷代名賢列女姓譜》 150권이 저술되었다. 한편《속통지續通志》를 발간할 때〈씨족략〉을 대량 으로 보충하였으며《청조통지淸朝通志》역시 요遼나라 부족 2, 요나라 씨족 69개, 금金나라 씨족 106 개, 원元나라 씨족 38성, 성씨가 구분되지 않은 83개 씨, 사씨賜氏 51개, 개씨改氏 38개, 모씨冒氏 15개 등 아주 세분하여 싣고 있으며 그 속에는〈고려성高麗姓〉1권도 포함되어 있어 근대 최고 상세한 성씨학 자료로 그 위치를 차지하고 있다.(이상 '王泉根《華夏姓名面面觀》 廣西人民出版社 1988. 南寧' 참조)

7. 중국 성씨의 숫자

지금 중국의 성는 도대체 얼마나 되는 것일까? 그 통계나 숫자에 대한 기록과 추정은 천차만별이며 그 편차 또한 지극히 커서 종잡을 수가 없다.

역대 이래 성씨에 대한 기록을 살펴보면 우선 한대漢代 사유史游의 《급취편急就篇》에 130개, 당대唐代 임보林寶의 《원화성씨찬元和姓氏纂》에는 1,232개, 그리고 송대宋代 소사邵思의 《성해姓解》에는 2,568개, 정초鄭樵의 《통지通志》 씨족략氏族略에는 2,255개, 원대元代 마단림馬端臨의 《문헌통고文獻通考》에는 3,736개, 명대明代 진사원陳士元의 《성휴姓觿》에는 3,625개, 왕기王圻의 《속문헌통고續文獻通考》에는 4,657개, 근대 등헌경鄧獻鯨의 《중국성씨집中國姓氏集》에는 5,652개, 왕소존王素存의 《중화성부中華姓府》에는 7,720개, 1984년 人民郵電出版社에서 펴낸 《중국성씨회편中國姓氏滙編》(閻福卿 編)에는 단성과 복성 5,730개의 성씨를 싣고 있으며, 현대 원의달(袁義達, 杜若寶)의 《중화성씨대전中華姓氏大全》(북경교육과학출판사)에는 11,969개를 싣고 있는데 여기에는 단성이 5327개, 복성이 4329개, 3자성이 1615개, 4자성이 569개, 5자성이 96개, 6자성이 22개, 7자성이 7개, 8자성이 3개, 9자성이 1개이며, 이역자異譯字 이체자異體字 3,136개나 된다.

그런가 하면 현재 쓰이고 있는 성씨를 대략 14,600여 개인 것으로 보기도 한다 이 또한 정확하지는 않다. 그리고 그 중 지금 90% 이상이 이 《백가성》에 실려 있는 성씨를 가진 인구라고도 한다.(《中國名著百家姓》中國戲劇出版社, 2005 북경)

그러나 다른 통계에 의하면 중국 성씨는 문헌상 5,662개이며 그 중 단성 3484개, 복성 2032개, 3자성 146개이며 소수민족의 성씨까지 합하면 6,362개라고도 한다.(李浩然編著《중화성씨대탐원中華姓氏大探源》長安出版社 2006. 북경) 그러나 이 또한 믿을 수 없다.

한편 1954년 대만臺灣에서 실시된 인구조사에서 대만에는 모두 768개의 성씨가 있으며 복성이 4개였다고 하였다. 중국 대륙에서는 1978년 중국 7대 도시 호적조사를 한 적이 있다. 그 결과 북경 2250개, 상해 1640개, 심양 1270개, 무한武漢 1574개, 중경重慶 1245개, 성도成都 1631개, 광주廣州 1802개 였으며 이들의 통계를 내었더니 2,587개의 성씨로 정리되었다는 것이다.

<small>(이상 李浩然《중화성씨대탐원中華姓氏大探源》및 馬自毅《신역백가성新譯百家姓》'導讀'부분 참조)</small>

그러나 어떤 사람의 조사에 의하면 중국 5천년 역사 속에 있었던 성씨는 무려 2만 2천여 개나 된다고도 한다. 그러나 1982년 대만 국가 제3차 인구 조사에 의하면 지금 쓰이고 있는 성씨는 대략 3천 5백개 좌우라 하며 그중 비교적 상용하고 있는 성씨는 5백여 개 정도이며 다시 그중 주요 1백개 성씨가 인구 전체의 87%를, 120개 성씨가 인구 전체의 96%를 차지하여 대성大姓에 집중되어 있음을 알 수 있다.

8. 한국의 성씨

우리 한국의 성씨는 중국의 영향을 받은 것임에는 분명하다. 그러나 오랜 세월 동안 우리는 우리 나름대로 독특한 씨족의 계보를 유지 발전시켜 오늘에 이르러 실제 중국과 동일시할 수 없는 특징을 가지고 있다.

우선 글자도 우리 고유의 글자를 쓰는 裵(중국은 裴), 曺(중국은 曹) 등 표기가 다른 경우가 있고, 우리 고유의 생성 성씨도 있으며, 감동을 주는 득성 유래에 얽힌 신화와 전설 등 고사도 매우 보편적으로 가지고 있다.

그런가 하면 성명인지 단순 이름인지 구분할 수 없는 시기의 비문과 역사서에 나타난 인명은 지금까지 연구 대상이 되고 있다.

성씨에 대한 뜻도 사전적 의미로 "성을 높여 부르는 말"일 뿐이다. 다시 말해 우리는 씨에서 출발한 것이 아니다.

일반적으로 우리나라에서 성을 쓰기 시작한 것은 4세기, 즉 삼국시대 전반기로 보고 있다. 그러나 고려시대 이후 일반인들에게도 성이 있게 되었으며 조선시대까지도 성이 없이 이름만 있는 경우가 많았다. 양주 봉선사의 성종 때 주조된 범종에 시주자 이름이 표시되어 있는데 거기에는 한글 토속적 이름들로 가득하여 성이 없는 자가 대부분이다. 그런가 하면 갑오경장 이후에 비로소 모든 이들이 성씨를 갖게 되어 일부는 그 성씨의 근원이 제대로 맞지 않는 경우가 허다하며, 연원을 알 수 없는 귀성, 희성, 벽성도 상당수 있다.

그 외에 더 중요한 것은 중국, 거란, 만주, 여진, 일본, 베트남, 심지어 아랍, 위구르, 네덜란드 등에서 귀화한 성씨도 있으며 그들 중 아주 연원이 오래된 성씨는 이미 전혀 구분 없이 한국 성씨로 자리를 잡아 하나의 민족으로 한국 땅에서 한민족으로 살고 있다.

그 외에도 지금도 외국인 중에는 한국에 살면서 한국 성씨를 취득하여 한국인으로서의 문화 정체성을 몸으로 체득하며 함께 동화하고자 하고 있다.

우리나라의 성씨는 조선시대 들어서면서 《세종실록世宗實錄》, 《동국여지승람東國輿地勝覽》, 《증보문헌비고增補文獻備考》, 《도곡총설陶谷叢說》, 《전고대방典故大方》, 《조선씨족통보朝鮮氏族統譜》 등을 통하여 꾸준히 기록되어 왔다. 특히 영조 때 이의현李宜顯의 《도곡총설》에는 298개의 성씨가 기록되어 있고, 고종 때 증보문헌비고에는 496개의 성씨가 보인다.

그러다가 1930년대 조선총독부 조사에는 250개로 줄어들었다가 1934년 중추원에서 펴낸 통계자료에 의하면 326개로 늘어나기도 하는 등 정확한 수치는 알 수가 없다. 다시 1960년도와 1975년도 국세조사에서는 250여 개의 성씨가 조사되었으나 그 중 160여 개는 전인구의 1%에도 미치지 못하는 희성, 귀성, 벽성이다. 그리고 실제 90여 개 성씨가 전 인구의 99%을 차지하고 있었으며 지금 널리 쓰이는 성씨는 70여 개 정도로 보고 있다. 1985년 국세조사에서는 275개의 성씨에 본관이 무려 3,349개였으며 그 중 100명 미만의 성씨가 52개나 되었다. 김정현씨의 《한국 성씨 이야기. 흥하는 성씨 사라진 성씨》(2001, 조선일보사)에 의하면 우리 성씨를 고대 문헌을 근거로 우선 넷으로 나누고 있다.

〈1〉대성(大姓: 55개)

金, 李, 朴, 崔, 鄭, 姜, 趙, 尹, 張, 韓, 林, 申, 吳, 徐, 權, 黃, 宋, 柳, 洪, 安, 高, 全, 孫, 裵, 梁, 文, 許, 曺, 白, 南, 河, 劉, 成, 沈, 盧, 丁, 車, 具, 郭, 辛, 任, 朱, 禹, 田, 羅, 閔, 兪, 池, 嚴, 陳, 元, 蔡, 千, 方, 康.

〈2〉 귀성(貴姓: 46개)

卞, 玄, 楊, 廉, 邊, 呂, 都, 秋, 魯, 愼, 石, 蘇, 周, 吉, 薛, 馬, 表, 明, 宣, 延, 魏, 王, 房, 潘, 玉, 奇, 琴, 陸, 孟, 印, 卓, 諸, 魚, 鞠, 牟, 蔣, 殷, 秦, 芮, 慶, 片, 丘, 史, 奉, 余, 龍.

〈3〉 희성(稀姓: 44개)

庾, 太, 夫, 昔, 卜, 睦, 賈, 桂, 皮, 晉, 杜, 甘, 智, 董, 陰, 程, 溫, 邢, 章, 賓, 扈, 景, 葛, 錢, 左, 箕, 彭, 范, 承, 尙, 眞, 簡, 夏, 偰, 施, 胡, 毛, 唐, 韋, 疆, 異, 段, 公, 弓.

〈4〉 벽성(僻姓: 38개)

袁, 甄, 陶, 萬, 平, 荀, 剛, 介, 邱, 肖, 昌, 邵, 葉, 鍾, 昇, 强, 龐, 大, 雷, 浪, 邕, 西, 馮, 國, 濂, 堅, 莊, 伊, 乃, 墨, 路, 麻, 邦, 菊, 采, 楚, 班, 斤.

그리고 1985년 인구조사에서는 옛 문헌에 볼 수 없었던 "譚, 頭, 樓, 苗, 旁, 碩, 星, 辻, 恩, 初, 椿, 判, 扁, 鎬, 候, 興, 傅"씨 등이 나타났다고 한다.

그 중 대성으로써 5대 성씨는 흔히 "金, 李, 朴, 崔, 鄭"으로 들고 있으며 여기에 "姜, 趙, 尹, 張, 林"씨를 넣어 10대성(단 林씨 대신 혹 韓씨를 넣기도 함)으로 보았으며 다시 여기에 "吳, 申, 徐, 權, 黃, 宋, 安, 兪, 洪"씨를 넣어 20대성으로 보기도 하였다.

그리고 한국의 널리 쓰이는 70개 성 중에 앞의 20개를 제외하고 나머지로는 "全, 高, 孫, 文, 梁, 裵, 白, 曺, 許, 南, 劉, 沈, 盧, 河, 丁, 成, 車, 具, 郭, 禹, 朱, 任, 田, 羅, 辛, 閔, 柳, 池, 陳, 嚴, 元, 蔡, 千, 方, 康, 玄, 卞, 孔, 咸, 楊, 廉, 邊, 呂, 薛, 愼, 都, 秋, 馬, 表"씨 등을 들고 있다.

우리나라 성씨의 본관은 당연히 성씨 구분의 또 다른 하나의 중요한 지표이다. 이는 동일한 성씨의 재분화를 의미한다. 그리고 본관의 다음 단위로 소위 파派까지 내려가게 된다. 파는 군君, 공公, 백伯 등 고향보다는 봉호封號나 시호諡號, 추서追敍된 작위 등으로써, 사관賜貫으로 시작된 경우가 많다. 때에 따라서는 이 봉호가 본관이 되는 경우도 당연히 있다. 따라서 동성이냐 동성동본이냐에 따라 금혼법의 근거가 된 적도 있었으며 이에 따라 혈통, 친족, 종친 등 개념이 달라지기도 한다.

이처럼 우리나라의 본은 중국과 또 다른 특징을 가지고 있으며, 시조 다음으로 중시조를 통해 하부 계통의 혈계血系를 보여주며, 동시에 분화상황을 일러주는 변별 요소로 자리잡고 있다. 이에 따라 우리는 소위 족보라는 것을 만들되 전체를 아우르는 대동보大同譜를 우선으로 하고 그 아래 개념으로 파보派譜와 세보世譜가 있으며, 집안 내력만을 적은 것으로 가승家乘, 혹은 가첩家牒이라는 것이 있다. 우리나라 족보는 안동 권씨의 《성화보成化譜》(明 成化 12년, 1476)와 문화류씨文化柳氏의 《가정보嘉靖譜》(明 嘉靖 1567, 실제로 穆宗 隆慶 원년) 등이 비교적 빠른 것으로 보고 있으며, 중국에는 이미 남조 제齊, 479~502나라 때 가희경賈希鏡에 의해 시작된 것으로 알려져 있다.

그 외 지금 사설 〈족보전문도서관族譜專門圖書館〉(jokbo.re.kr)이 경기도 부천에 생겨 많은 자료를 살펴볼 수 있는 것은 참으로 다행스럽고 고마운 일이 아닐 수 없다. 그리고 부산광역시립도서관 1층에 민간 단체인 '한국성씨연합회'에서는 소장하고 있는 122개 성씨, 447개 본관의 족보 목록 5,421개 등 8,500여권에 이르는 족보를 인터넷 홈페이지(www.koreajokbo.co.kr)로 검색할 수 있도록 개설하여 아주 큰 도움을 주고 있다.

우리나라 고대 문헌에는 본관이 무려 500개 이상이나 되는 성씨도 있으며 대성일수록 본이 많다. 이에 본관의 수에 따라 분류해 보면 다음과 같다.(이하 김정현 위에 든 책을 재정리한 것임.)

金(500여), 李(470여), 崔(326), 朴(314), 張(246), 林(216), 鄭(210), 全(178), 宋(172), 吳(164), 黃(163), 白(157), 申(155), 徐(153), 劉(149), 尹(149), 田(142), 盧(137), 柳(131), 文(131), 韓(131), 曺(128), 裵(122), 任(120), 陳(118), 孫(118), 方(117), 車(111), 安(109), 姜(104), 洪(101), 高(101), 千(97), 兪(97), 朱(93), 池(81), 梁(79), 石(73), 河(70), 丁(68), 邊(67), 魯(64), 沈(63), 嚴(60), 許(59), 南(57), 康(56), 權(56), 成(54), 郭(52), 辛(51), 秋(49), 蔡(49), 秦(47), 羅(46), 元(42), 片(39), 禹(38), 呂(37), 表(36), 馬(33), 延(33), 具(32), 扈(32), 皮(30), 孟(27), 卓(27), 吉(26), 閔(25), 周(25), 董(24), 薛(23), 明(23), 宣(23), 印(22), 龍(21), 趙(21), 奇(21), 房(20), 庾(20), 太(20), 陰(20), 玉(19), 魚(19), 葛(19), 奉(19), 蔣(17), 芮(16), 史(16), 都(15), 邢(15), 王(15), 愼(15), 潘(15), 慶(14), 陸(13), 晉(13), 程(13), 蘇(12), 牟(12), 桂(12), 余(12), 溫(11), 景(10), 段(10), 魏(10), 諸(10), 承(10), 卜(9), 睦(9), 賈(9), 簡(9), 皇甫(9), 殷(8), 智(8), 公(8), 尙(8), 胡(7), 彭(7), 甄(7), 南宮(6), 琴(6), 國(6), 唐(5), 獨孤(5), 杜(4), 鞠(4), 夫(4), 甘(4), 賓(4), 馮(4), 昔(3), 錢(3), 范(3), 毛(3), 異(3), 章(2), 夏(2), 昇(2), 司空(2), 西門(2), 東方(2), 伊(2), 丘(1), 左(1), 于(1), 眞(1), 偰(1), 施(1), 弓(1), 鮮于(1), 諸葛(1), 箕(1)

이상으로 보아 생각보다는 엄청나게 본관이 많음을 알 수 있다. 참고로 북한에서는 본관의 개념이 흐려졌고 일반인은 자신의 성씨 본관이 어디인지 모르는 경우가 많다고 한다.

9. 한국의 귀화성씨

다음으로 우리가 흔히 알고 있는 귀화성에 대한 것이다. 이에 대하여 김정현의 앞에 든 책(173~196)에는 모두 75개 귀화 성씨와 그 본관을 들어 설명하고 있다. 이를 간추려 보면 다음과 같다. ( ) 안은 본관을 뜻함.

1. 이李(靑海): 시조 이지란李之蘭, 여진족 퉁두란佟豆蘭. 여말선초 득성.
2. 장張(德水): 시조 장순룡張舜龍, 아랍인 고려 충렬왕 때 제국공주齊國公主를 따라 들어와 귀화, 덕성부원군德城府院君에 봉해짐.
3. 설偰(慶州): 시조 설손偰孫, 그 아들 설장수偰長壽가 세종 때 계림군鷄林君에 봉해짐. 계림은 경주.
4. 이李(花山): 시조 이룡상李龍祥, 이룡상李龍祥 혜종惠宗의 숙부, 옹진군甕津郡 마산면馬山面 화산리花山里에 정착.
5. 인印(延安): 시조 인후印侯, 몽고인, 고려 충렬왕 때 제국공주를 따라 들어옴. 그 아들 인승단印承旦이 연안부원군延安府院君에 봉해짐.
6. 인印(喬洞): 신라新羅초 중국 진晉나라 인서印瑞, 그 후손 인빈印彬이 교수부원군喬樹府院君이 됨. 공민왕 때 인당印瑭이 시조가 됨.
7. 김金(友鹿): 일본인 사야가沙也可, 임란 때 달성군 가창면嘉昌面에 정착.
8. 신愼(居昌): 송宋, 신수愼脩, 세종 때 귀화하였으며 그 후손이 연산군 때 거창부원군居昌府院君에 봉해짐.
9. 구具(綾城): 송宋, 전남 화순군 능주綾州에 정착.
10. 제갈諸葛(南陽): 제갈공명諸葛孔明의 아버지 제갈규諸葛珪가 시조이며 그 5대손 제갈충諸葛忠이 신라 때 망명, 중국 남양南陽을 본관으로 함.

11. 안安(順興): 당 이원李瑗의 아들. 신라 경문왕 때 귀화하여 세 아들이 각기 죽산안씨竹山安氏, 광주안씨廣州安氏, 순흥안씨順興安氏가 됨.
12. 서문西門(安陰): 고려 공민왕의 비妃 노국공주魯國公主를 따라온 몽고인. 안음은 함양 안의安義의 옛 지명.
13. 명明(西蜀): 고려 공민왕 때 서촉西蜀 대하국大夏國에서 귀화한 황족.
14. 남南(英陽): 당 남경南敬, 당 현종玄宗 때 일본 사신으로 갔다가 귀환 중 신라에 표류 정착한 김충金忠이 경덕왕 때 남씨성을 하사받음.
15. 곽郭(玄風): 송대 곽경郭鏡, 고려 인종 때 포산군苞山君에 봉해짐. 포산은 현풍현玄風縣의 고려시대 지명.
16. 국鞠(潭陽): 송나라에서 귀화한 국량鞠欓. 고려 인종 때 들어옴.
17. 길吉(海平): 고려 문종 때 당에서 들어온 팔학사八學士의 하나인 길당吉塘. 야은冶隱 길재吉再는 그 후손.
18. 나羅(羅州): 당唐 태종太宗의 수찬관修撰官이었던 나부羅富가 망명하여 전라도 나주羅州에 정착. 후손 나주규羅得虯가 시조가 됨.
19. 노魯(咸平): 주나라 제후국 노나라 출신이 귀화. 그 후손 노목魯穆이 고려 인종 때 이자겸의 난을 평정하여 함풍군咸豊君에 봉해짐. 함풍은 함평咸平의 옛 지명.
20. 독고獨孤(南原): 당나라에서 귀화한 공순公舜의 후예. 그 후손 독고향獨孤香이 고려 충숙왕 때 남원군南原君에 봉해짐.
21. 맹孟(新昌): 맹자의 후손 맹승훈孟承訓이 신라 때 당에서 사신으로 들어옴. 충선왕 때 맹리孟理가 조적曹頔의 난을 평정한 공으로 신창백新昌伯에 봉해짐.

22. 임任(長興): 송나라 소흥紹興 사람. 임호任灝가 망명하여 전남 장흥 천관산에 정착. 그 후손 임원후任元厚가 고려 인종 때 정안부원군定安府院君에 봉해짐. 정안은 장흥長興의 옛 지명.
23. 임任(豐川): 송나라 소흥 사람. 임온任溫이 고려에 들어와 은자광록대부銀紫光祿大夫에 오름.
24. 이李(延安): 당나라 이무李茂가 백제 정벌 때 소정방蘇定方의 부장으로 들어와 귀화, 연안백延安伯에 봉해짐.
25. 여呂(咸陽): 당 한림학사 여어매呂御梅가 황소黃巢의 난을 피해 신라 헌강왕 때 망명 귀화, 처음에는 성주星州에 살아 성주여씨와 함양여씨는 같은 근원임.
26. 유劉(居昌): 고려 문종 때 송나라에서 귀화한 유전劉荃. 그 맏아들 유견규劉堅規에게 거타군居陀君에 봉함. 거타는 거창의 옛 지명.
27. 주朱(新安): 남송 주희朱熹가 신안주씨新安朱氏이며 그 일족 주잠朱潛이 고려 고종 때 귀화하여 나주羅州에 정착, 중국 지명을 그대로 사용함.
28. 신辛(靈山): 중국인 신경辛鏡으로 중국 지명을 그대로 사용함.
29. 이李(固城): 중국인으로 일찍 귀화하였으나 고려 문종 때 거란을 침입을 격퇴한 공을 세워 철령군鐵嶺君에 봉해짐. 철령은 경남 고성의 옛 지명.
30. 장蔣(牙山): 송나라 대장군 장서蔣壻로 금金과의 전쟁에 주전파로써 주화파와 대립에 밀려 망명, 충남 아산에 정착. 고려 예종 때 아산군牙山君에 봉함.

31. 정丁(押海): 당나라 대승상 정덕성丁德盛이 신라 문성왕文聖王 때 귀화하여 전남 무안군 압해면에 정착함.
32. 변邊(原州): 송에서 귀화하여 상장군上將軍에 오른 변안렬邊安烈.
33. 방方(溫陽): 당나라 한림학사 방지方智가 신라 문무왕 때 유학儒學을 전하기 위해 들어옴. 설총薛聰과 교류가 있었으며 대대로 온양에 살았음.
34. 양楊(淸州): 원元나라 때 양기楊起, 고려 공민왕의 비 노국공주魯國公主를 따라 와 귀화. 상당上黨(지금의 청주)을 식읍으로 받음.
35. 선宣(寶城): 명明나라 학사 선윤지宣允祉가 고려 우왕 때 사신으로 왔다가 귀화. 조선이 들어서자 이에 반대하여 전남 보성寶城에 은거함.
36. 소蘇(晉州): 고대 소蘇임금의 후손 기곤오己昆吾가 소성蘇城에 하백夏伯으로 봉해졌다가 고조선 유민과 함께 신라로 들어왔다 함.
37. 지池(忠州): 송宋나라 태학사 지경池鏡이 고려 광종 때 귀화함.
38. 황黃(平海): 한漢나라 때 황락黃洛이 신라 유리왕 때 귀화. 동해안 평해에 정착함.
39. 오吳(海州): 신라 지증왕 때 중국에서 건너온 중국인. 그 후손이 고려 고종 때 거란군을 물리친 오현보吳賢輔로써 그를 시조로 삼음.
40. 백白(水原): 중국 소주蘇州 사람 백우경白宇經이 신라에 귀화. 중랑장中郞將을 지낸 백창직白昌稷의 후손 백휘白揮가 고려 때 수원군水原君에 봉해짐.

41. 공孔(曲阜): 공자의 후손으로 원나라 순제 때 공민왕의 비 노국공주
魯國公主를 따라온 공소孔紹. 회원군檜原君(지금의 창원昌原)에
봉해졌으나 중국 공자의 지명을 그대로 사용함.
42. 노盧(光山): 당나라 때 안록산의 난을 피해 신라에 귀화한 노수盧穗.
당시 9명의 아들을 데리고 와서 각기 광산光山, 교하交河,
풍천豊川, 장연長淵, 안동安東, 안강安康, 연일延日, 평양平壤,
곡산谷山을 본관으로 삼음.
43. 전錢(聞慶): 고려 때 전유겸錢惟謙이 최영崔瑩장군 누이와 결혼하여 귀화
함. 조선이 들어서자 벼슬을 버리고 문경에 은거함.
44. 도都(星州): 중국에서 건너온 도진都陳이 고려 건국에 공을 세워 성산
부원군星山府院君에 봉해짐. 성산은 성주의 별칭.
45. 구丘(平海): 신라 때 당나라 사람으로 일본에 사신으로 갔다가 풍랑을
만나 경북 평해에 닿은 구대림丘大林. 공민왕 때 그 후손
구선혁丘宣赫을 시조로 함.
46. 궁弓(兎山): 고대 기자箕子가 조선으로 올 때 따라온 중국 태원太原 출신
궁흠弓欽이라 함.
47. 공公(金浦): 당나라 십팔학사의 하나인 공윤보公允輔. 안록산의 난을
피해 신라로 망명하여 그 후손 공명례가 김포에 정착하
였다 함.
48. 김金(太原): 명나라 때 건너온 김학증金學曾. 그 아들 김평金坪이 명이
망하자 조선에 귀화하면서 조상의 고향 중국 태원을 그대로
본관으로 삼음.

49. 강康(信川): 고대 주나라 강후의 후손으로 고려 태조 왕건을 도왔던 강호경康虎景.
50. 계桂(遂安): 명나라 계석손桂碩遜으로 고려 말에 귀화하여 수안백遂安伯에 봉해짐. 수안은 황해도에 있던 지명.
51. 황黃(昌原): 고려 충혜왕忠惠王의 비 덕녕공주德寧公主를 모시고 왔다가 뒤에 회산군檜山君에 봉해짐. 회산은 창원의 옛 지명.
52. 조趙(林川): 고려 현종顯宗 때 강감찬과 함께 거란을 물리친 조천혁趙天赫. 원래 송 태조太祖(조광윤趙匡胤)의 후손으로 숙부 조유고趙惟固와 함께 왔으며 그가 가림백嘉林伯에 봉해졌음. 가림은 충남 부여에 있던 옛 지명.
53. 조趙(平壤): 고대 은나라 때 왔다하며 조춘趙椿의 5세손 조인규趙仁規가 충숙왕의 장인이 되어 평양부원군平壤府院君에 봉해짐.
54. 조趙(咸安): 신라 말 당나라에서 귀화한 조정趙鼎. 왕건을 도와 대장군이 되었으며 뒤에 경남 함안에 정착함.
55. 민閔(驪興): 공자 제자인 민자건閔子騫(閔損)의 후예라 하며 그 후손 민칭도閔稱道가 고려 중엽 사신으로 왔다가 귀화함.
56. 이李(太原): 송나라 이귀지李貴芝가 난을 피해 고려 충렬왕 때 귀화. 그 손자 이방무李芳茂가 조선 태조 이성계를 도와 개국공신이 되었으며 중국 지명을 그대로 본관으로 사용함.
57. 이李(泰安): 당나라 이기李奇가 난을 피해 고려 광종 때 망명하여 충청도 태안에 정착. 그 7대손 이장李藏이 태안을 식읍으로 받아 태안부원군泰安府院君이 됨.

58. 이李(旌善) : 안남安南(越南) 남평왕南平王 이건덕李乾德의 셋째 아들로
금(여진)이 그곳까지 침입하자 고려로 피신하여 경주慶州에
살았으며 그 6세손 이의민李義旼이 무신정권의 최충헌崔忠獻
에 의해 살해되자 정선으로 숨어살아 그곳을 본관으로 정함.
59. 이李(原州) : 중국 절강浙江에서 온 중국인의 후손 이춘계李椿桂가 고려
의종 때 병부상서에 올랐음.
60. 원元(原州) : 당 태종이 고구려 원정 때 파견되어 고구려 보장왕 그곳에
남았던 원경元鏡. 고구려와 당와 관계를 개선하고자 하였
으나 실패하자 다시 신라 선덕여왕에게 왔다고 함.
61. 이李(安城) : 고려 문종 때 송나라에서 관리로 왔던 이중선李仲宣. 고려에
귀화하여 백하군白夏君에 봉해짐. 백하는 안성의 옛 지명.
62. 위魏(長興) : 당나라 위경魏鏡. 신라 선덕여왕에게 귀화하여 회주군懷州君
에 봉해짐. 회주는 장흥의 옛 이름.
63. 우禹(丹陽) : 고대 하夏나라 우왕禹王을 시조로 하며 그 후손 우현禹玄이
고려로 귀화하여 현종顯宗 때 과거에 급제, 단양부원군丹陽
府院君에 봉해짐.
64. 염廉(坡州) : 신라 말 당에서 귀화한 염교명廉郊明. 고려 개국공신으로
처음 봉성峰城(파주)에 정착하여 봉성염씨로 불렀다가 위에
파주의 명칭이 곡성曲城으로 바뀌자 곡성염씨라 하였다가
다시 서원瑞原으로 바꾸자 서원염씨라고도 하였음.
65. 언延(谷山) : 중국 연계령延繼笭이 고려에 귀화하여 황해도 곡산谷山에
정착함. 그 7세손 연수창延壽菖을 시조로 삼기도 하며 혹
고려말 원나라 공부를 따라 왔다고도 함.

66. 엄嚴(寧越): 신라 말 당나라 엄임의嚴林義가 귀화하여 고려가 개국하자 아들 엄태인嚴太仁이 영월군에 봉해짐.
67. 어魚(咸從): 중국 풍익馮翊 사람 어화인魚化仁이 남송 때 난을 피해 고려로 귀화함. 함종咸從은 평안남도 강서江西의 옛 이름.
68. 석石(海州): 명나라 관리로 임진란 때 파견되어 공을 세웠던 석성石星. 귀국하여 정치적으로 화를 입자 그 아들 석담石潭이 조선에 귀화하여 해주에 정착함.
69. 홍洪(南陽): 당에서 귀화한 홍천하洪天河. 팔학사八學士의 하나로 선덕여왕 때 들어와 유학을 발전시킨 공로로 당성백唐城伯(唐津, 南陽)에 봉해졌음. 한편 같은 남양홍씨로 토착 성씨도 같은 본을 쓰고 있다 함.
70. 진陳(驪陽): 송나라 복주福州 사람 진수陳琇가 신라 때 귀화. 그 후손 진총후陳寵厚가 고려 인종 때 이자겸을 난을 평정하여 진총후陳寵厚에 봉해짐. 여양驪陽은 지금의 충남 홍성군 장곡면.
71. 천千(潁陽): 영양潁陽은 중국 지명으로 천만리가 임진란 때 군량미 수송책임자였으며 전쟁이 끝나자 그대로 남아 귀화함.
72. 오吳(同福): 신라 지증왕 때 들어온 오첨吳瞻. 경남 함양에 정착하였다가 그 후손 오현보吳賢輔가 동복군同福君에 봉해짐. 동복은 전남 화순. 그 지파가 낙안오씨樂安吳氏와 나주오씨羅州吳氏가 되었다 함.
73. 장張(安東): 중국 소흥에서 온 장정필이 신라 말에 귀화하였다가 왕건의 고려 건국에 큰 공을 세웠다 함.

74. 임林(平澤): 신라 말 당나라에서 귀화한 한림학사翰林學士 임팔급林八及.
팽성彭城(평택) 용주방龍珠坊에 정착하여 본관을 삼았으며
그 지파로 은진恩津, 진천鎭川, 예천醴泉, 부안扶安 등이 있음.
75. 변卞(草溪): 당나라 팔학사의 하나인 변원卞源이 신라 경덕왕 때 사신
으로 왔다가 귀화, 그 후손인 고려 성종 때 변정실卞庭實을
시조로 함.

한편 우리나라 성씨가 외국으로 가서 정착한 경우도 있다. 기록이 희미하여 제대로 알 수는 없지만 그 중에 중국《백가성》에 들어있는 성씨 중 백제계로써 연燕(315), 해解(174), 국國(354), 사沙(387), 복福(504) 등이 있으며 그 중 복씨福氏는 군망郡望을 아예 '백제국'으로 삼고 있다. 그런가 하면 고구려계로써 왕王(008), 고高(153)씨가 있고, 신라계로써는 박朴씨와 김金씨가 있다. 한편 일본으로 건너가 일본 성씨가 된 것은 백제 8대 성씨(沙, 燕, 劦, 解, 貞, 國, 木, 首)가 초기 일본 성씨로 자리를 잡았다가 일본 특유의 복성으로 변하기도 하였고, 그 외 백제百濟, 석야石野, 궁원宮原, 사전沙田, 국본國本, 신목新木, 장전長田, 청원淸原 등은 당연히 한반도에서 건너간 성씨로 보고 있다. 그리고 고구려에서 건너간 성씨로는 고려高麗, 고정高井, 조정鳥井, 신성新城 등이 있으며 신라계로는 장강長岡, 산촌山村, 죽원竹原, 산전山田 등 무수히 많다고 한다.

특히 일본은 무려 27만 개의 성씨가 있다고 하며 이는 중국이나 한국 성씨에 비해 인구수나 역사적으로 볼 때 상상을 초월하는 수치이다. 당연히 한자문화권에서 한자의 양이나 운용면에서 한국과 중국은 단성 위주임에 비하여 일본은 복성 위주이기 때문일 것이다. 그리고 그에 못지 않게 일본의 경우 취성 방법과 형태가 다원적이기 때문에 그토록 많은 성씨가 있을 수

있는 것이 아닌가 한다. 다시 말해 중국이나 우리의 경우 부계 혈통 중심으로 이어왔기 때문에 마음대로 성을 바꾸거나 새로운 한자로 성을 삼을 수 없었던 전통적 윤리관념도 새로운 성씨를 대량으로 생산하지 않은 원인이 되었을 가능성도 있다. 따라서 중국은 군망郡望이 발달하였고 우리는 본관本貫이 발달하여 이로써 성씨에 대한 구분과 변별의 표지가 갖추어졌으며 그것으로 새로운 변화나 수적 분화를 감당할 수 있었던 것이 아닌가 한다.

이처럼 한국의 성씨는 실제 중국의 형태와 같지만 한국 특유의 새로운 유형을 가지고 있으며 비록 한자문화권에서 같은 한자를 사용하면서도 우리 고유의 자생 성씨가 있고 또 본관에 따라서는 그 성씨를 중국인이 그대로 가지고 와서 한국의 지명을 본관을 삼은 예가 거의 대부분이지만 일부는 중국 지명을 그대로 본관을 삼아 내려온 경우도 있음을 알 수 있다.

앞서 밝혔듯이 일본은 무려 27만 개의 성씨가 있으며 세계적으로는 성씨를 우리처럼 쓰는 민족이나 나라도 있으나 각기 그 민족의 문화와 풍습에 따라 사용 방법이 물론 다르다.

한편 미국의 경우 각 민족이 혼합하여 이루어진 다민족, 다문화 국가로서 역시 그들을 통해 세계 성씨의 일부 면모를 살필 수는 있다. 2007년 11월 18일 미국 인구통계국에 발표에 따르면 미국 내 성은 모두 600만여 개로써 이중 가장 흔한 성은 스미스(Smith)이며 237만 6천명, 2위는 존슨(Johnson), 그리고 윌리엄스(Williams), 브라운(Brown), 존스(Jones)의 성이 뒤를 잇고 있다. 그러나 90년대 이후 히스패닉계 인구가 무려 58%가 증가하여 라틴계 성인 가르시아(Garcia)가 26만 명이 늘어 총 86만여 명으로 8위를 차지하였으며 로드리게스(Rodriguez)가 9위를 차지하였다고 한다. 한편 한국, 중국, 백인이 함께 쓰는 리(Lee)씨는 60만이 넘어 24위를 기록하고 있으며 순수 한국 성씨인 김(Kim)

씨는 233위에서 109위로, 박(Park)씨는 461위에서 343위로, 최(Choi)씨는 1,527위에서 872위로 뛰어 올라 한국계 성씨가 급속히 늘고 있다는 흥미로운 사실이 밝혀지기도 하였다.(이상 2007년 11, 19 조선일보 기사)

10. 우리 성씨의 한글 표기

2007년 10월 2일부터 5일까지 노무현 대통령이 남북정상회담 차 평양에 갔을 때 그 이전 북에서는 남쪽 표기법을 존중, '노무현'으로 표기하기로 하였으나 TV에 비친 북의 현수막은 '로무현'이었다. 지금 같은 언어와 문자를 사용하는 남북과 중국 조선족자치주 중에 유독 우리만 어절의 어두 첫 음이 구개음화된 'ㄹ'이나 'ㄴ'로 시작될 때 음가가 없는 'ㅇ'으로 적거나(랴→야, 뇨→요) 그 외 유음流音 'ㄹ'로 시작되는 것은 'ㄴ'으로 표기(라→나)하도록 하고 있다. 그것도 한자에만 한한다. 혈통 구분의 중요한 지표가 되는 성씨조차 이 두음법칙을 적용함으로써 성씨의 고유한 정체성을 잃고 있으며 언어생활에도 상당한 혼란을 야기시키고 있다. 그 때문에 지금 국민 4,900만 중 무려 23%인 1,100만 명이 이 두음법칙에 묶여 자신의 성씨를 본음으로 표기하지 못하고 있다.

2007년 8월 1일부터 "일상생활에 두음법칙을 지키지 않은 성씨는 그 예외를 인정한다"라 하여 리李 류柳, 라羅씨 등은 개정할 수 있다는 예규를 만들어 시행하고 있다. 그러나 이 역시 문제가 있다. 정정 신청이 본인과 직계에만 한정하도록 함으로써 형제, 사촌 사이에도 그 성씨 표기가 달라지고 말 것이기 때문이다.

결론적으로 말해 우리 언어생활에서 두음법칙은 사라져야 한다. 특히 한자어에서만 이 법칙을 적용함으로 인해 우리 언어생활에 적지 않은 불편과 불합리를 조래하고 있기 때문이다. 이는 우리 민족의 발음 능력을 지극히 비하한 열등 민족임을 자랑인 양 내세우는 언어정책이다. 과연 우리가 그러한 발음을 해내지 못한다면 어쩔 수 없지만 실제 전혀 그렇지 않다. 도리어 우리는 지구상 그 어느 민족보다 정확한 발음을 구사해내는 우수한 능력을 가지고 있다. 그럼에도 이를 거꾸로 우리 스스로 그러한 발음을 해내지 못한다고 규정하여 강제하고 있으니 이처럼 무지막지한 경우가 어디 있겠는가! 우리는 세계에서 가장 정확한 발음을 표기하는 2,350여 개의 음절을 가지고 있다. 사실과 전혀 다르게 '그 음절이 어절 첫머리에 올 때 일부를 우리는 발음하지 못한다'고 지레 규정을 하는 것은 과학적으로나 민족 자존으로도 용인될 수 없는 일인데 하물며 한자문화권 속에서 뛰어난 문화 유산을 생산 발전시킨 환경을 역으로 몰고 가는 그 오류를 깨닫지 못한 채 고집하는 무지를 통탄하지 아니할 수 없다. 한자 이외에는 너그럽게 그 발음을 하도록 한다. 이를테면 우리는 Lincoln(링컨)을 '잉컨'이라 하지 않으며 New York(뉴욕)을 '유욕'이라 하지 않는다. '람보'를 '남보'라 하지 않으며, '리차드'를 '이차드'라 하지 않는다. 나아가 일본 '니가타'를 '이가타'라 하지 않으며 '라디오'를 '나디오'라 하지 않는다. 만약 옆 사람이 그렇게 발음한다면 '구강 구조가 문제가 있거나 아주 무식한 자'라 여길 것이다. 나아가 우리 어휘의 '녀석', '님' 등 얼마든지 구분하면서 유독 한자어에만 이 법칙을 적용함으로써 '한자 본음에 대한 무지', '한자 학습 부담 증가', '컴퓨터 변환 혼란과 이중二重 등재登載' 등을 넘어 '출판 등 매체 표기의 오류' 등 수 없는 문제를 낳고 있음에도 이를 바꾸지 않는 것은 잘못된 것이다.

다시 우리 성씨 표기로 돌아가 보자. 우선 우리의 주요 성씨 70여 개만을 대상으로 분석해도 다음과 같은 유형이 문제가 됨을 발견하게 된다.

〈1〉 두음법칙으로 인한 혼란 문제

▶리(李)↔이(伊, 異) ▶림(林)↔임(任) ▶류(柳, 劉)↔유(兪, 庾)

▶량(梁, 樑)↔양(楊) ▶려(呂)↔여(余) 등

〈2〉 두음법칙으로 인한 음가 변형과 변별능력 상실

▶로(盧, 魯, 路) ▶렴(廉, 濂) ▶라(羅) ▶련(連) ▶륙(陸) ▶룡(龍) ▶뢰(雷) ▶랑(浪) ▶루(樓) 등

〈3〉 동음이성同音異姓의 한글 표기로 인한 변별능력 상실

▶강(姜, 康, 强, 疆, 剛) ▶방(方, 房, 龐, 邦) ▶장(張, 蔣, 章, 莊) ▶진(陳, 晉, 眞, 秦) ▶정(鄭, 丁, 程) ▶신(申, 辛, 愼) ▶구(具, 丘, 邱) ▶전(全, 田, 錢) ▶국(鞠, 國, 菊) ▶조(趙, 曺) ▶서(徐, 西) ▶기(奇, 箕) ▶소(蘇, 邵) ▶주(朱, 周) ▶변(卞, 邊) ▶위(魏, 韋) ▶승(承, 昇) ▶모(牟, 毛) ▶하(河, 夏) ▶설(薛, 偰) ▶반(潘, 班) ▶견(甄, 堅) ▶원(元, 袁) ▶유(兪, 庾) ▶도(都, 陶) ▶렴(廉, 濂) ▶마(馬, 麻) ▶지(池, 智) ▶채(蔡, 采) ▶석(石, 昔) ▶경(慶, 景) ▶호(胡, 扈) ▶이(異, 伊) ▶공(孔, 公) ▶초(楚, 肖) 등

이처럼 순 한글로만 성씨를 표기한다면 우리나라 성씨는 주요 성씨가 40여 개밖에 되지 않는다. 성씨는 혈족 변별의 표지이다. 그 표지는 구분되는 변별능력을 가져야 한다. 따라서 당연히 원음을 밝혀 한자로 표기하거나 최소한 병기해야 한다. 그럼에도 한자를 저버리는 것을 넘어 두음법칙이라는 해괴한 논리로 본음조차 밝혀 적지 못한다면 이는 후손에게 엄청난 혼란을 주며 고통을 안겨 주게 될 것이다. 성씨를 통한 뿌리 찾기에서 자신은 소나무 뿌리인데 참나무에게 가서 우리 뿌리가 어떻게 되는가고 묻는 기현상이 나타나고 말 것이다. 따라서 호적 등 공문서에라도 한자는 병기되어야 하며 두음법칙으로 본음을 훼손하는 일은 고쳐져야 할 것으로 믿는다.

諡法考

清 嘉興 沈豊綵聲聞錄

惟周公旦太公望開嗣王業建功于牧野終將葬乃
制諡遂敘諡法諡者行之迹號者功之表古者有大
功則賜有大善則有大名細行受大名細行受
為稱以車服者位之章也是以大行受大名細行受
細名行出于己名生於人名謂
民無能名曰神 不名一善
號諡
德象天地曰帝 同于天地
靖民則法曰皇 靖安
仁義所往曰王 民往歸之
賞慶刑威曰君 能行四者
從之成羣曰君 之民從
揚善賦簡曰聖 所稱得人所善
敬賓厚禮曰聖 厚于禮
執應八方曰侯 所執八方應
立志及衆曰公 志無私也
執應八方曰侯 所執八方應
立志及衆曰公 志無私也
一德不懈曰簡 不委曲
平易不訾曰簡 不譖毀
尊賢貴義曰恭 尊事賢人
敬事供上曰恭
尊賢敬讓曰恭 敬有功
既過能改曰恭 言自知

清 沈豊綵《諡法考》고대 시호에 의해 많은 성씨가 분화되었다.

姓氏考略

清 秀水陳廷煒昭遠著

伊尹 伊尹力牧之後生於空桑 又呂氏春秋云有侁女採得嬰兒於空桑後居伊水命曰伊尹正也謂湯使之正天下故曰尹

接輿 姓陸氏名通

易牙 姓雍氏名巫能辨淄澠之水齊桓夜牛不噪易牙調五味而食之至旦不覺哪不喜食也

介子推 姓王氏名光從晉文出亡歸隱綿山

羊舌大夫 晉大夫叔向時攘羊者以羊遺向母埋之事發檢羊惟舌存國人羹之遂以羊舌大夫稱之

文中子 姓王氏名通書列諸子中

翳桑餓人 史記餓人示眯明也注音為祈彌卽提彌明 左傳云是靈輒提彌明喉獒者也

伯樂 姓孫氏名陽善識馬 韓文云伯樂一顧而冀北之馬羣遂空

扁鵲 姓秦氏名越人少時為人舍長善醫

鬼谷子 姓王氏名詡受道老子居清溪之鬼谷因號

〈兒童偷桃圖〉河北 宣化 下八里 張匡正豆(遼)

銅鏡(隋)〈獸紋〉〈兒童戲花紋〉

〈玉人〉(商) 1976 河南 安陽 婦好墓 출토

〈大觀園圖〉《紅樓夢》의 내용을 삽화로 그린 것

〈大觀園圖〉《紅樓夢》의 내용을 삽화로 그린 것

〈白地黑花孩兒垂釣紋枕〉(宋 磁州窯)

〈兒童跳繩圖〉河北 宣化 下八里 張匡正豆(遼)

〈桂序昇平〉(清) 年畫

〈錢鏐鐵券〉 계약서

〈榴開百子〉 山東 濰坊 楊家埠(清)

磁州窯〈白釉黑花嬰戯瓷罐〉부분 (元) 1994 遼寧 綏中 出土

《村童鬧學圖》(송대 그림)

〈捕棗圖〉(宋) 臺北故宮博物院

〈兒童偷桃圖〉河北 宣化 下八里 張匡正묘(遼)

銅鏡(隋)〈獸紋〉〈兒童戲花紋〉

〈清人嫁娶圖〉(부분)

〈淸人嫁聚圖〉(부분)

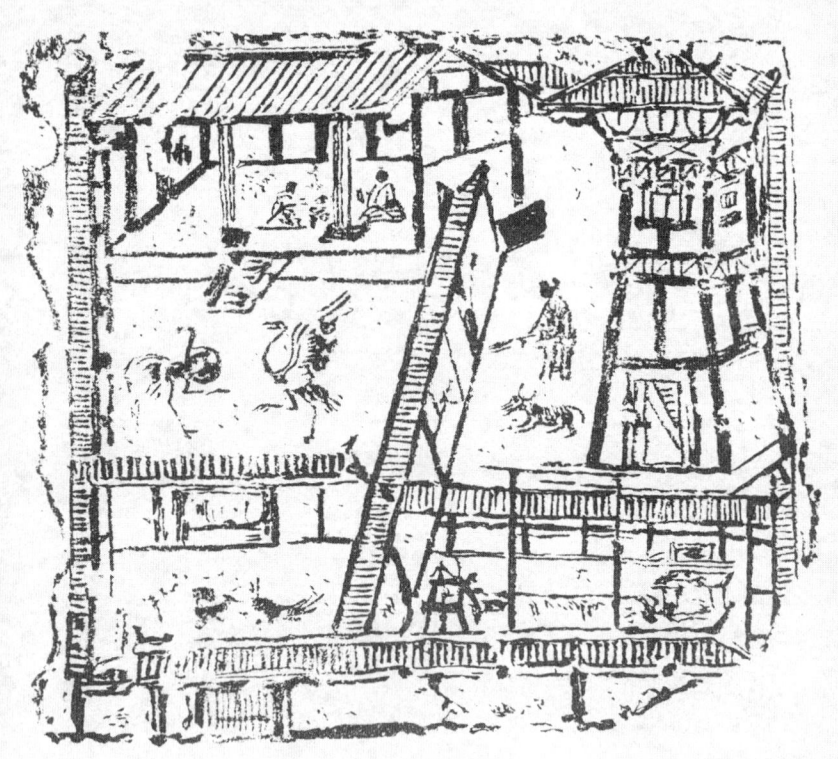

畫像石(漢)〈家況圖〉四川 成都 揚子山 출토

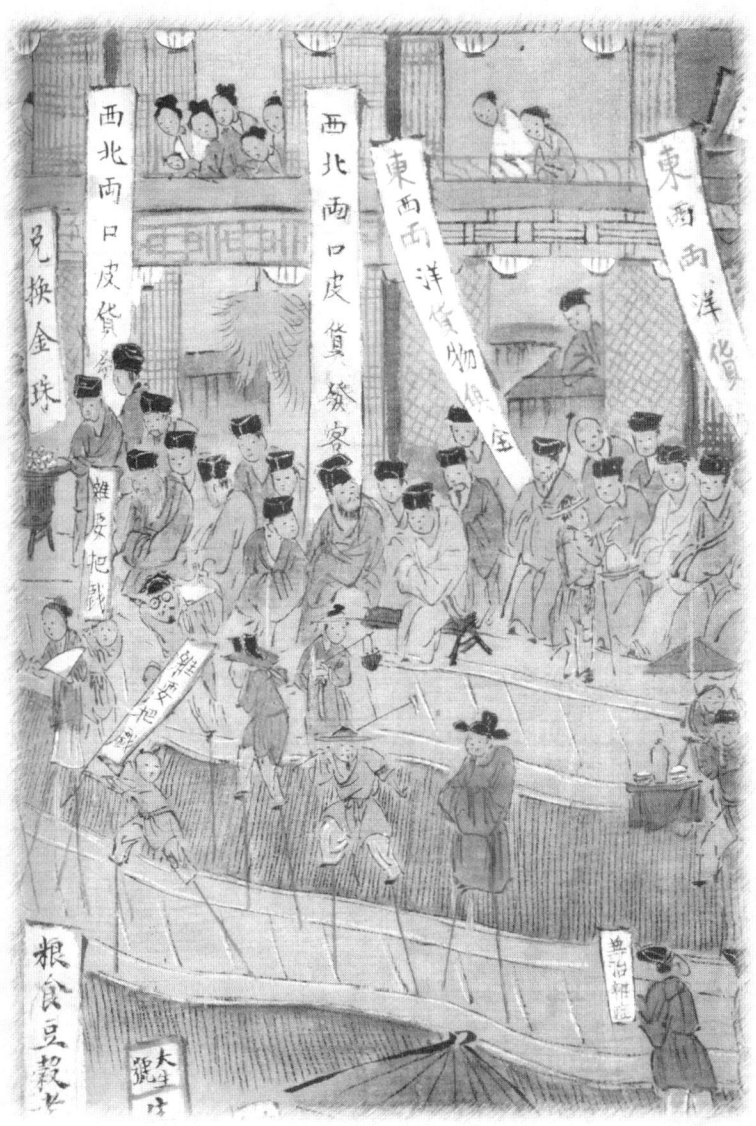

〈南都繁會圖〉(明)

〈青瓷四繫螭耳天雞尊〉(隋) 1956 湖北 武漢 隋墓 출토

〈白瓷雙腹龍柄傳瓶〉(隋) 1957 陝西 西安 李靜訓묘 출토

〈鷄雛待飼圖〉(宋) 李迪 北京故宮博物院 소장

〈長信宮鎏金宮女銅燈〉(西漢) 1968 河北 滿城 출토

〈大觀園圖〉《紅樓夢》의 내용을 삽화로 그린 것

〈聊齋圖〉(부분)

〈玉人〉(商) 1976 河南 安陽 婦好墓 출토

〈大觀園圖〉《紅樓夢》의 내용을 삽화로 그린 것

畫像磚〈伏羲女媧〉四川 郫縣 출토

畫像磚(宋)〈婦女剖魚圖〉

〈人物交談圖〉(彩畫磚) 漢

차례

❖ 책머리에
❖ 일러두기
❖ 해제
　1.《백가성》의 찬술
　2.《백가성》의 변천
　3.《백가성》의 판본
　4. 중국 성씨와 '군망郡望'
　5. 성姓과 씨氏
　6. 중국의 '성씨학姓氏學'
　7. 중국 성씨의 숫자
　8. 한국의 성씨
　9. 한국의 귀화성씨
　10. 우리 성씨의 한글 표기

❖《百家姓》(全文)
❖ 본문

❖ 부록 I
　※《백가성》에 등재되지 않은 주요 중국 성씨
❖ 부록 II
　※ 民國初 石印本《百家姓》인본

백가성百家姓

《백가성》 全文

趙錢孫李, 周吳鄭王. 馮陳褚衛, 蔣沈韓楊.
朱秦尤許, 何呂施張. 孔曹嚴華, 金魏陶姜.
戚謝鄒喻, 柏水竇章. 雲蘇潘葛, 奚范彭郎.
魯韋昌馬, 苗鳳花方. 俞任袁柳, 酆鮑史唐.
費廉岑薛, 雷賀倪湯. 滕殷羅畢, 郝鄔安常.
樂于時傅, 皮卞齊康. 伍余元卜, 顧孟平黃.
和穆蕭尹, 姚邵湛汪. 祁毛禹狄, 米貝明臧.
計伏成戴, 談宋茅龐. 熊紀舒屈, 項祝董梁.
杜阮藍閔, 席季麻強.

賈路婁危, 江童顏郭. 梅盛林刁, 鍾徐邱駱.
高夏蔡田, 樊胡凌霍. 虞萬支柯, 昝管盧莫.

經房裘繆, 干解應宗. 丁宣賁鄧, 郁單杭洪.
包諸左石, 崔吉鈕龔. 程嵇邢滑, 裴陸榮翁.
荀羊於惠, 甄麴家封. 芮羿儲靳, 汲邴糜松.
井段富巫, 烏焦巴弓. 牧隗山谷, 車侯宓蓬.
全郗班仰, 秋仲伊宮. 寧仇欒暴, 甘鈄厲戎.
祖武符劉, 景詹束龍.

葉幸司韶，郜黎薊薄． 印宿白懷，蒲邰從鄂．

索咸籍賴，卓藺屠蒙． 池喬陰鬱，胥能蒼雙．
聞莘党翟，譚貢勞逄． 姬申扶堵，冉宰酈雍．
郟璩桑桂，濮牛壽通． 邊扈燕冀，郟浦尙農．
溫別莊晏，柴瞿閻充． 慕連茹習，宦艾魚容．
向古易愼，戈廖庾終． 暨居衡步，都耿滿弘．
匡國文寇，廣祿闕東． 歐殳沃利，蔚越夔隆．
師鞏厙聶，晁勾敖融． 冷訾辛闞，那簡饒空．
曾母沙乜，養鞠須豐． 巢關蒯相，查後荊紅．
游竺權逯，蓋益桓公． 万俟司馬，上官歐陽．
夏侯諸葛，聞人東方． 赫連皇甫，尉遲公羊．
澹臺公冶，宗政濮陽． 淳于單于，太叔申屠．
公孫仲孫，軒轅令狐． 鍾離宇文，長孫慕容．
鮮于閭丘，司徒司空． 亓官司寇，仉督子車．
顓孫端木，巫馬公西． 漆雕樂正，壤駟公良．
拓跋夾谷，宰父穀梁． 晉楚閆法，汝鄢涂欽．
段干百里，東郭南門． 呼延歸海，羊舌微生．
岳帥緱亢，況后有琴． 梁丘左丘，東門西門．
商牟佘佴，伯賞南宮． 墨哈譙笪，年愛陽佟．
第五言福，百家姓續．

본문

001: 趙(조)　002: 錢(전)　003: 孫(손)　004: 李(리)
005: 周(주)　006: 吳(오)　007: 鄭(정)　008: 王(왕)
009: 馮(풍)　010: 陳(진)　011: 褚(저)　012: 衛(위)
013: 蔣(장)　014: 沈(심)　015: 韓(한)　016: 楊(양)
017: 朱(주)　018: 秦(진)　019: 尤(우)　020: 許(허)
021: 何(하)　022: 呂(려)　023: 施(시)　024: 張(장)
025: 孔(공)　026: 曹(조)　027: 嚴(엄)　028: 華(화)
029: 金(김)　030: 魏(위)　031: 陶(도)　032: 姜(강)
033: 戚(척)　034: 謝(사)　035: 鄒(추)　036: 喩(유)
037: 柏(백)　038: 水(수)　039: 竇(두)　040: 章(장)
041: 雲(운)　042: 蘇(소)　043: 潘(반)　044: 葛(갈)
045: 奚(해)　046: 范(범)　047: 彭(팽)　048: 郎(랑)
049: 魯(로)　050: 韋(위)　051: 昌(창)　052: 馬(마)
053: 苗(묘)　054: 鳳(봉)　055: 花(화)　056: 方(방)
057: 俞(유)　058: 任(임)　059: 袁(원)　060: 柳(류)
061: 酆(풍)　062: 鮑(포)　063: 史(사)　064: 唐(당)
065: 費(비)　066: 廉(렴)　067: 岑(잠)　068: 薛(설)
069: 雷(뢰)　070: 賀(하)　071: 倪(예)　072: 湯(탕)
073: 滕(등)　074: 殷(은)　075: 羅(라)　076: 畢(필)
077: 郝(학)　078: 鄔(오)　079: 安(안)　080: 常(상)
081: 樂(악)　082: 于(우)　083: 時(시)　084: 傅(부)
085: 皮(피)　086: 卞(변)　087: 齊(제)　088: 康(강)
089: 伍(오)　090: 余(여)　091: 元(원)　092: 卜(복)
093: 顧(고)　094: 孟(맹)　095: 平(평)　096: 黃(황)

097: 和(화)	098: 穆(목)	099: 蕭(소)	100: 尹(윤)
101: 姚(요)	102: 邵(소)	103: 湛(잠)	104: 汪(왕)
105: 祁(기)	106: 毛(모)	107: 禹(우)	108: 狄(적)
109: 米(미)	110: 貝(패)	111: 明(명)	112: 臧(장)
113: 計(계)	114: 伏(복)	115: 成(성)	116: 戴(대)
117: 談(담)	118: 宋(송)	119: 茅(모)	120: 龐(방)
121: 熊(웅)	122: 紀(기)	123: 舒(서)	124: 屈(굴)
125: 項(항)	126: 祝(축)	127: 董(동)	128: 梁(량)
129: 杜(두)	130: 阮(완)	131: 藍(람)	132: 閔(민)
133: 席(석)	134: 季(계)	135: 麻(마)	136: 强(강)
137: 賈(가)	138: 路(로)	139: 婁(루)	140: 危(위)
141: 江(강)	142: 童(동)	143: 顔(안)	144: 郭(곽)
145: 梅(매)	146: 盛(성)	147: 林(림)	148: 刁(조)
149: 鍾(종)	150: 徐(서)	151: 邱(구)	152: 駱(락)
153: 高(고)	154: 夏(하)	155: 蔡(채)	156: 田(전)
157: 樊(번)	158: 胡(호)	159: 凌(릉)	160: 霍(곽)
161: 虞(우)	162: 萬(만)	163: 支(지)	164: 柯(가)
165: 昝(잠)	166: 管(관)	167: 盧(로)	168: 莫(막)
169: 經(경)	170: 房(방)	171: 裘(구)	172: 繆(무·묘)
173: 干(간)	174: 解(해)	175: 應(응)	176: 宗(종)
177: 丁(정)	178: 宣(선)	179: 賁(분)	180: 鄧(등)
181: 郁(욱)	182: 單(선)	183: 杭(항)	184: 洪(홍)
185: 包(포)	186: 諸(제)	187: 左(좌)	188: 石(석)
189: 崔(최)	190: 吉(길)	191: 鈕(뉴)	192: 龔(공)

193: 程(정)	194: 嵆(혜)	195: 邢(형)	196: 滑(활)
197: 裴(배)	198: 陸(륙)	199: 榮(영)	200: 翁(옹)
201: 荀(순)	202: 羊(양)	203: 於(어)	204: 惠(혜)
205: 甄(견)	206: 麴(국)	207: 家(가)	208: 封(봉)
209: 芮(예)	210: 羿(예)	211: 儲(저)	212: 靳(근)
213: 汲(급)	214: 邴(병)	215: 糜(미)	216: 松(송)
217: 井(정)	218: 段(단)	219: 富(부)	220: 巫(무)
221: 烏(오)	222: 焦(초)	223: 巴(파)	224: 弓(궁)
225: 牧(목)	226: 隗(괴)	227: 山(산)	228: 谷(곡)
229: 車(차)	230: 侯(후)	231: 宓(복·밀)	232: 蓬(봉)
233: 全(전)	234: 郗(치)	235: 班(반)	236: 仰(앙)
237: 秋(추)	238: 仲(중)	239: 伊(이)	240: 宮(궁)
241: 寧(녕)	242: 仇(구)	243: 欒(란)	244: 暴(폭·포)
245: 甘(감)	246: 鈄(두)	247: 厲(려)	248: 戎(융)
249: 祖(조)	250: 武(무)	251: 符(부)	252: 劉(류)
253: 景(경)	254: 詹(첨)	255: 束(속)	256: 龍(룡)
257: 葉(엽)	258: 幸(행)	259: 司(사)	260: 韶(소)
261: 郜(고)	262: 黎(려)	263: 薊(계)	264: 薄(박)
265: 印(인)	266: 宿(숙)	267: 白(백)	268: 懷(회)
269: 蒲(포)	270: 邰(태)	271: 從(종)	272: 鄂(악)
273: 索(삭)	274: 咸(함)	275: 籍(적)	276: 賴(뢰)
277: 卓(탁)	278: 藺(린)	279: 屠(도)	280: 蒙(몽)
281: 池(지)	282: 喬(교)	283: 陰(음)	284: 鬱(울)
285: 胥(서)	286: 能(내)	287: 蒼(창)	288: 雙(쌍)
289: 聞(문)	290: 莘(신)	291: 党(당)	292: 翟(적)

293: 譚(담)	294: 貢(공)	295: 勞(로)	296: 逄(방)
297: 姬(희)	298: 申(신)	299: 扶(부)	300: 堵(도)
301: 冉(염)	302: 宰(재)	303: 酈(력)	304: 雍(옹)
305: 郤(극)	306: 璩(거)	307: 桑(상)	308: 桂(계)
309: 濮(복)	310: 牛(우)	311: 壽(수)	312: 通(통)
313: 邊(변)	314: 扈(호)	315: 燕(연)	316: 冀(기)
317: 郟(겹)	318: 浦(포)	319: 尙(상)	320: 農(농)
321: 溫(온)	322: 別(별)	323: 莊(장)	324: 晏(안)
325: 柴(시)	326: 瞿(구)	327: 閻(염)	328: 充(충)
329: 慕(모)	330: 連(련)	331: 茹(여)	332: 習(습)
333: 宦(환)	334: 艾(애)	335: 魚(어)	336: 容(용)
337: 向(상·향)	338: 古(고)	339: 易(역)	340: 愼(신)
341: 戈(과)	342: 廖(료)	343: 庾(유)	344: 終(종)
345: 暨(기)	346: 居(거)	347: 衡(형)	348: 步(보)
349: 都(도)	350: 耿(경)	351: 滿(만)	352: 弘(홍)
353: 匡(광)	354: 國(국)	355: 文(문)	356: 寇(구)
357: 廣(광)	358: 祿(록)	359: 闕(궐)	360: 東(동)
361: 歐(구)	362: 殳(수)	363: 沃(옥)	364: 利(리)
365: 蔚(울)	366: 越(월)	367: 夔(기)	368: 隆(륭)
369: 師(사)	370: 鞏(공)	371: 厙(사)	372: 聶(섭)
373: 晁(조)	374: 勾(구)	375: 敖(오)	376: 融(융)
377: 冷(랭)	378: 訾(자)	379: 辛(신)	380: 闞(감)
381: 那(나)	382: 簡(간)	383: 饒(요)	384: 空(공)
385: 曾(증)	386: 毋(무)	387: 沙(사)	388: 乜(먀)
389: 養(양)	390: 鞠(국)	391: 須(수)	392: 豐(풍)

393: 巢(소)　394: 關(관)　395: 蒯(괴)　396: 相(상)
397: 査(사)　398: 後(후)　399: 荊(형)　400: 紅(홍)
401: 游(유)　402: 竺(축)　403: 權(권)　404: 逯(록)
405: 蓋(개)　406: 益(익)　407: 桓(환)　408: 公(공)
409: 万俟(묵기)　410: 司馬(사마)　411: 上官(상관)　412: 歐陽(구양)
413: 夏侯(하후)　414: 諸葛(제갈)　415: 聞人(문인)　416: 東方(동방)
417: 赫連(혁련)　418: 皇甫(황보)　419: 尉遲(울지)　420: 公羊(공양)
421: 澹臺(담대)　422: 公冶(공야)　423: 宗政(종정)　424: 濮陽(복양)
425: 淳于(순우)　426: 單于(선우)　427: 太叔(태숙)　428: 申屠(신도)
429: 公孫(공손)　430: 仲孫(중손)　431: 軒轅(헌원)　432: 令狐(령호)
433: 鍾離(종리)　434: 宇文(우문)　435: 長孫(장손)　436: 慕容(모용)
437: 鮮于(선우)　438: 閭丘(려구)　439: 司徒(사도)　440: 司空(사공)
441: 亓官(기관)　442: 司寇(사구)　443: 仉(장)　444: 督(독)
445: 子車(자거)　446: 顓孫(전손)　447: 端木(단목)　448: 巫馬(무마)
449: 公西(자서)　450: 漆雕(칠조)　451: 樂正(악정)　452: 壤駟(양사)
453: 公良(공량)　454: 拓跋(탁발)　455: 夾谷(협곡)　456: 宰父(재보)
457: 穀梁(곡량)　458: 晉(진)　459: 楚(초)　460: 閆(염)
461: 法(법)　462: 汝(여)　463: 鄢(언)　464: 涂(도)
465: 欽(흠)　466: 段干(단간)　467: 百里(백리)　468: 東郭(동곽)
469: 南門(남문)　470: 呼延(호연)　471: 歸(귀)　472: 海(해)
473: 羊舌(양설)　474: 微生(미생)　475: 岳(악)　476: 帥(솔)
477: 緱(구)　478: 亢(강)　479: 況(황)　480: 后(후)
481: 有(유)　482: 琴(금)　483: 梁丘(량구)　484: 左丘(좌구)
485: 東門(동문)　486: 西門(서문)　487: 商(상)　488: 牟(모)
489: 佘(사)　490: 佴(내)　491: 伯(백)　492: 賞(상)

493: 南宮(남궁)　494: 墨(묵)　495: 哈(합)　496: 譙(초)
497: 笪(달)　498: 年(년)　499: 愛(애)　500: 陽(양)
501: 佟(동)　502: 第五(제오)　503: 言(언)　504: 福(복)

百家姓續.

001
趙(zhào): 조

> 趙 중국 10大姓의 하나. 2,700여만 명(현재 중국 전체 인구의 약 2.2%). 黃河 연안과 東北 지역에 주로 분포함.

원류

① 영성嬴姓에서 기원

고대 五帝의 하나인 少昊 金天氏의 후예 伯益이 禹의 치수를 도와 공이 있어 嬴姓을 얻게 되었다. 그 후손인 조보(趙父)가 周나라 穆王의 八駿馬를 몰았으며, 徐偃王의 반란을 평정한 공로로 趙城(지금의 山西 洪洞縣)을 食邑으로 받아 그 후손이 그 봉지의 지명을 성으로 삼게 되었고, 조보는 그 성의 시조가 되었다. 춘추시대 말 조는 晉나라 六卿의 하나로 韓氏·魏氏와 연합하여 知氏(智氏)를 멸하고 晉나라를 삼분하여, 나라를 晉陽(지금의 山西 太原)을 도읍으로 정하였다가 邯鄲(지금의 河北 한단)으로 옮겨 전국시대를 맞으면서 전국칠웅에 들게 된다. 조는 秦始皇의 천하통일에 망하여 서민으로 강등되었다가, 960년 趙匡胤의 陳橋驛 兵變으로 다시 皇族이 되어 宋나라를 건국하게 되면서 다시 대족으로 발전하게 된다.

② 외족外族의 개성改姓과 사성賜姓

西漢 흉노의 安稽가 대대로 甘肅 변방에 살면서 스스로 성을 趙氏라 하였고, 한나라 成帝 때 昌武侯에 봉해졌다. 그밖에 南越의 귀족 趙光은

원래 秦성이었으나, 漢 武帝 때 秦王으로 칭하고 '蒼梧秦王'이라 하였다가 뒤에 漢나라에 항복하여 隨桃侯에 봉해졌다. 뒤에 남월의 많은 이들은 자신들이 조광의 후손이라 칭하면서 劍川(雲南 人理)의 白族과 화합하여 五代 때 大天興國(興源國)을 세웠다. 또 오대 때 牂牁(貴州, 廣西, 雲南 동부 지역)의 추장 國珍도 역시 조성이라 칭하였다. 그런가 하면 宋나라 때는 자신들에게 항복해 오는 소수민족들에게 황실의 성인 조 성을 賜姓하였다. 이를테면 송 태종이 党項 사람 李繼捧에게 趙姓을 주어 그 이름을 趙保忠이라 하였고, 그 아우 李繼遷은 趙保吉이라 하였다. 이계천(조보길)의 손자 趙元昊는 西夏王朝를 수립하기도 하였다. 그 뒤로 거란인, 여진인, 중국에 여행 중이던 유태인들 중에 조 성을 하사받은 이들이 많았고, 청나라 만주족 八旗의 자제들도 역시 조 성으로 바꾼 자가 많았다. 그 외에 苗族·瑤族·僮族·藏族 중에도 조 성이 많으며, 瑤族은 이 성이 지금 大姓을 이루고 있다.

군망(郡望) : 天水郡.

역사상 주요 인물

【趙盾】춘추 晉 六卿의 하나. 전국 趙나라 선조.
【趙奢】전국 조나라 장군.
【趙勝】전국 조나라 平原君. 戰國四公子의 하나.
【趙佗】서한 南越國 王.
【趙充國】서한의 명장.
【趙雲】삼국 蜀漢의 장수.
【趙匡胤】宋 태조. 송나라 개국 황제.
【趙普】송나라 재상.
【趙抃】북송의 명신.
【趙明誠】북송 금석학자. 李淸照의 남편.

趙匡胤(927~976)

【趙孟頫】원대 서예가.
【趙翼】청대 사학가.
【趙之謙】청대 篆刻家.

002
錢(Qián): 전

 중국 100大姓의 하나. 260여만 명(현재 중국 전체 인구의 약 0.22%). 절강성 지역에 주로 많이 분포함.

원류

① 팽성彭姓에서 기원

고대 오제의 하나인 顓頊 高陽氏의 증손의 이름이 彭祖였으며, 西周 때 팽조의 후손 彭孚가 '錢府'(국가의 돈을 관리하며 재정을 담당하는 부서) 上士가 되어 그 후손이 그 관직의 이름을 따서 錢氏로 성을 삼았다 한다.

② 道家의 彭祖(錢鏗)

도가에 널리 알려진 '팽조'는 원래 성은 錢氏, 이름은 갱(鏗)이었다 하며 그 후손이 '竹'변을 제거하고 '錢'자로 성을 삼았다 한다. 이 때문에 역사상 錢氏와 彭氏는 같은 원류에서 나왔다고 여겨 환난을 만나면 서로 도우며 봉혼하지 않고 있다.

군망(郡望): 彭城 · 吳興郡.

> 역사상 주요 인물

【錢起】당대 시인.
【錢鏐】五代 吳越國의 개국 군주.
【錢惟演】북송 시인.
【錢選】원대 화가.
【錢穀】명대 화가, 학자.
【錢謙益】청초의 학자, 시인.
【錢曾】청대 장서가.
【錢大昕】청대 학자.
【錢松】청대 서화가.

팽조(彭祖)

003
孫(sūn): 손

> 孫 중국 20大姓의 하나. 1,800여만 명(현재 중국 전체 인구의 약 1.5%). 華北의 渤海灣 연안과 東北 지역에 주로 분포함.

원류

① 자성子姓에서 기원

商(殷, 子姓)나라 湯의 후손 比干이 상말 紂王의 폭정에 반대하여 간언을 하다가, 심장이 갈려 죽음을 당하였다. 그 자손이 성을 감추고 살다가 자신들이 왕족의 後孫이라 하여 '孫'자를 취하여 성을 삼고 비간을 시조로 모시게 되었다.

② 희성姬姓에서 기원

周(姬姓) 文王 姬昌의 막내아들 康叔이 衛에 봉해져 위나라를 세웠다. 춘추시대 강숙의 9세손 惠孫이 있었으며, 그 혜손의 손자 武仲이 그 조상 혜손을 공경하여 孫자를 취하여 성으로 삼았다. 이들이 손씨의 가장 큰 族源이 되었다.

③ 미성羋姓에서 기원

춘추 초 楚(羋姓)나라 왕 蚡冒의 증손이며 令尹이었던 蔿敖의 자가 孫叔으로 흔히 孫叔敖라 불렸다. 초 莊王을 도와 패업을 이루었으며, 그 후손이 조상의 자를 취하여 孫叔氏라 하였다가 뒤에 줄여 孫씨로 하였다. 역시 손씨의 큰 족원이다.

④ 규성嬀姓에서 기원

주 무왕이 商을 멸한 뒤 商均의 후예 嬀滿을 陳에 봉하였다. 춘추시대 陳 厲公의 아들 陳完이 난을 피하여 齊나라로 망명하여 성을 田씨로 바꾸었다. 田完의 후예 田書가 제나라 대부가 되어 莒를 정벌한 공로로 樂安에 봉해졌고, 손씨 성을 하사받았으며 병법가 孫武가 바로 그 후손이다.

⑤ 외성의 개성改姓

전국 시대 유명한 학자 荀子의 후예로 西漢 宣帝의 이름 劉詢의 이름 詢을 피하기 위하여 荀자를 孫자로 바꾸었다. 이들이 그대로 손씨로 내려와 또다른 손씨의 姓源이 되었다.

군망(郡望) : 太原·樂安·吳郡.

역사상 주요 인물

【孫陽】 춘추 말(馬)에 대한 명사, 伯樂.
【孫武】 병법가.
【孫臏】 병법가.
【孫權】 삼국 吳나라 개국군주.
【孫綽】 동진 문학가.
【孫思邈】 당대 명의.
【孫過庭】 당대 서예가.
【孫位】 당대 화가.

【孫光憲】 북송 초 시인.
【孫奭·孫復】 송대 이학가.
【孫承宗】 명대 병부상서.
【孫星衍·孫詒讓】 청대 학자.

손무(孫武)

손빈(孫臏)

손권(孫權)

004
李(Li): 리

 중국 최대 인구의 성으로 약 1억 명이 넘으며, 전체 인구의 약 7.9%를 차지함. 혹 제2위, 혹 제3위라고도 함. 전국 각지와 해외에 널리 퍼져 있음.

[원류]

① 영성嬴姓에서 기원

顓頊 高陽氏의 직계 후손으로, 顓頊의 裔孫 고요(皐陶, 咎繇로도 칭함)를 시조로 하고 있다. 帝堯가 고요에게 명하여 理官(재판과 형법, 獄事 등으로 관장하는 직책)을 맡겼으며, 그 아들 伯益이 禹의 치수 사업을 도와 공을 세워 嬴姓을 얻게 되었다. 한편 고요의 후손들은 理官 직을 세습하면서 理氏로 성을 삼았다. 商(殷)나라 말 고요의 후손 理徵이 법을 공정하게 집행하기를 고집하다가 폭군 紂에게 죽음을 당하자, 그 아들 理利貞이 伊侯의 옛 고을에 유랑하다가 길가의 오얏(자두)을 따 먹고 겨우 살아났다고 한다. 이에 자두가 생명을 구해준 고마움을 잊지 못하여 같은 음 李자를 성씨로 삼았다는 것이다. 도가의 시조 이이(노자)는 바로 理利貞의 후손이며, 노자의 증손 이담(李曇)이 두 아들을 낳아, 장자 李崇의 후손은 대대로 隴西에 살아 그 후손 李淵이 唐나라를 세운 唐 太祖가 되었으며, 둘째아들 李璣의 후손은 대대로 趙郡에 살아 隴西李氏와 趙郡李氏로 분화되었다. 뒤에 농서이씨는 39房으로 분화되었고, 조군 이씨는 東·南·西 셋으로 분화되었다.

② 희성姬姓에서 기원

주 무왕이 殷(商)나라 폭군 紂를 멸한 다음, 동성의 후예 姬巴人을 巴(지금의 重慶市)에 봉하여 巴子國(子는 公侯伯子男의 작위)을 세워 주었다. 동주 시기 秦나라가 이 巴國을 멸하자, 그 유민이 사방으로 흩어지면서 일부는 湖南의 서쪽과 湖北의 동쪽으로 옮겨갔다. 이 巴人들은 호랑이를 토템으로 삼고 있었는데, 그들 말로 호랑이를 '李'라 하였다. 이에 그 음에 맞는 '李'자를 택하여 성씨로 삼았다. 4세기 초 파인 李雄이 四川에 大成國을 세워 '成漢'이라 하였으며 뒤에 東晉에게 멸망하였다.

③ 사성賜姓과 외족外族의 개성改姓

北朝 後魏 鮮卑族의 叱李氏·高護氏가 孝文帝를 따라 中原으로 들어오면서 李씨로 성을 택하였다. 그리고 당나라에 들어서서 太祖 李淵과 太宗 李世民을 도와 개국에 공을 세운 대신들에게 李氏 성을 하사하였다. 그 외에 徐, 邴, 安, 杜, 胡, 弘, 郭, 麻, 張, 董, 羅씨 등이 그 때 사성으로 받은 성씨들이었다. 그 뒤 소수민족의 수령 鮮于, 阿布, 阿跌, 舍利, 朱邪(朱耶), 阿史那 등의 성씨도 전공을 세워 역시 李氏 성을 하사받았다. 그 중 유명한 예가 沙陀部의 朱邪赤心은 공을 세워 李昌國이 되었고, 그 손자 이존욱(李存勗)이 五代의 後唐을 건국하기도 하였다. 그리고 朔方部의 장수 茹常은 말갈인으로 唐나라에 공을 세워 李嘉慶이 되었으며, 그 후손이 渤海李氏가 되었는데 지금 연변의 한족 이씨는 이와 관련이 있는 것으로 보고 있다.

당대 이후 외족이 漢化하면서 이씨에 융입된 예는 끊이지 않았다. 이를테면 西夏의 党項族과 금대 女眞族, 명청대의 蒙古族, 청대 滿洲族 및 서북 新疆 지역의 이민족, 서남 토착민 등이 모두 다투어 한족식 성을 취하면서 이씨 성을 갖기를 선호하였다. 그 때문에 중국 성씨의 가장 보편적이며 널리 퍼진 성씨로 자리잡게 된 것이다.

군망(郡望) : 隴西・趙郡.

역사상 주요 인물

【李雄】 오호십육국 大成國 건국.
【李暠】 西涼 건국.
【李淵】 唐나라 건국. 그 아들 李世民(太宗)이 貞觀之治를 이룸.
【李存勗】 後唐 건국.
【李昇】 南唐 건국.
【李元昊】 西夏 건국.
【李耳】 노자.
【李悝】 전국 魏나라 재상.
【李牧】 전국 趙나라 장수.
【李冰】 전국 蜀군 군수, 江都堰을 건설함.
【李斯】 秦나라 丞相.
【李廣】 漢나라 飛將軍.
【李膺】 東漢 명신.
【李密】 隋末 瓦岡軍 수령.
【李世民】 당 태종.
【李靖】 당나라 병법가.
【李隆基】 당 현종.
【李白】 당나라 시인.
【李邕】 당나라 서예가.
【李泌】 당나라 재상.
【李賀・李商隱】 당나라 시인.
【李煜】 南唐 後主, 詞人.
【李淸照】 北宋 女流詞人.
【李綱】 南宋 재상.
【李心傳】 남송 史學家.
【李唐】 남송 화가.
【李攀龍】 명대 문학가.

老子 李耳 夢谷 姚谷良 (그림)
"聖人處無爲之事, 行不言之敎"

【李東陽】 명대 시인.
【李時珍】 명대 의학가.
【李贄】 명대 사상가.
【李漁】 명대 희곡작가.
【李自成】 명말 농민군 수령.
【李善蘭】 청대 數學家.
【李鴻章】 청대 학자.
【李慈銘】 청대 사학가.

李白(701~762)

李世民

005
周(zhōu): 주

> 周 중국 10大姓의 하나. 2,540여만 명(현재 중국 전체 인구의 약 2.1%). 西南 각지와 長江 유역에 널리 분포함.

[원류]

① 고대 주국周國에서 기원

《姓氏考略》에 의하면 黃帝族에 속하던 황제의 신하 周昌이 주부락을 일으켜 그 영수가 되어 周나라를 세웠다. 周族은 지금의 山西 臨汾市 일대에 활동하였고 그 후손이 나라 이름을 성으로 삼은 것이다. 지금도 일부 주씨들은 주창을 시조로 모시고 있다.

② 희성姬姓에서 기원

고대 절대 다수의 주씨들은 周나라 시조이며 黃帝의 현손인 后稷(姬棄)를 선조로 모시고 있다. 후직은 요순 때 농직관이 되어 처음 농사법을 일러 주었다. 후직의 후예가 夏商시대에 여러 차례 이동하여 상나라 말기 고공단보(古公亶父, 太王) 때에 渭水평원의 周原에 이르러 흥성하기 시작하였다. 고공단보의 손자 文王(姬昌)과 증손 무왕(姬發)에 이르러 상나라 紂를 멸하고 천하를 잡게 되었다. 서주, 동주를 거쳐 진시황 때 결국 나라가 망하여 최후의 왕인 난왕(赧王)이 서인으로 강등되어 지금의 河南 臨汝縣 서북에 살게 되자 그곳 사람들이 '周家'라 불렀으며, 뒤에 난왕의 후손들이 주씨를 성으로 삼고 난왕을 시조로 모시게 되었다. 이들 주씨들이 江蘇 북부로 이주하여 沛國周氏의 군망을 갖게 되었으며, 서한 초 漢 高祖 劉邦을 도와 천하를 바로 잡은 周勃, 周昌 등이 모두 이에 해당한다.

한편 周公 旦(姬旦)의 후예로써 周公 黑肩이 동주 때 집정대신이 되어 周 莊王을 죽이고 왕자 克을 세우려다가 사전에 누설되어 죽게 되었다. 그 자손이 난을 피하여 성을 주씨로 하고 주공 단을 시조로 모시게 되었으며, 지금의 山東 曲阜市 일대에 살게 되었다.

그리고 또 달리 한 지파는 周 平王이 洛邑(지금의 河南 洛陽市)으로 도읍을 옮겨 東周를 건설하고, 그 支子 姬烈을 汝南(지금의 河南 汝水 이남)에 봉하여 이 후손이 주씨가 되었다. 이 주씨는 한당 때 급속히 발전하여 汝南 10개 대성의 하나가 되어 군망을 얻게 되었으며, 지금 주씨의 가장 큰 姓源이 되었다.

③ 외성, 외족의 개성

唐 玄宗 李隆基는 즉위하자 곧 자신의 이름 基자가 暨, 姬 등과 음이 비슷하다는 이유로 천하 조서를 내려 姬姓과 暨姓을 모두 周성의 성씨로 바꾸도록 하였다. 일부는 뒤에 본성을 회복하였지만 일부는 그대로 사용하여 내려왔다. 한편 北朝 後魏 때 代 땅 북쪽 賀魯氏・普氏・普乃氏・普周氏・普屯氏 등이 모두 주씨로 성을 바꾸었다. 元나라 때 몽고족 喜同・朮忽・哈剌歹 등이 한화하면서 주씨로 바꾸었으며, 당시 명인 蘇卓周 역시 성을 주씨로 바꾸어 武功郡의 望族이 되었다. 이들은 후대 크게 발전하여 주성의 주요한 한 성원이 되었다.

군망(郡望) : 汝南・廬江・潯陽・臨川・陳留・沛國・泰山・河南郡.

> 역사상 주요 인물

【周勃】 서한 승상.
【周亞夫】 서한 명장, 주발의 아들.
【周瑜】 삼국 東吳 장수.
【周昉】 당대 화가.
【周敦頤】 북송 이학가.
【周邦彦】 북송 詞人.
【周必大】 남송 승상.
【周密】 남송말 사인.
【周臣】 명대 화가.
【周順昌】 명대 명신.
【周嘉謨】 명말 중신.
【周亮工】 청대 문학가.

后稷《三才圖會》

周惇頤(濂溪)《三才圖會》

006
吳(Wú): 오

> 吳 중국 10大姓의 하나. 2,400여만 명(현재 중국 전체 인구의 약 2%). 주로 동남 지역 및 남부 지역에 널리 분포함.

원류

① 강성姜姓에서 기원

炎帝(姜姓) 神農氏의 신하 吳權은 오씨 씨족의 수령이다. 그 후예가 오성으로 발전하였으며 오권을 시조로 모시고 있다.

② 오회씨吳回氏에서 기원

吳回는 고대 顓頊 高陽氏의 손자이며 火神 祝融의 아우(일설에는 전욱의 증손이며 축융이 곧 오회라고도 함)이다. 그가 속한 부족을 吳回氏라 하며 그 후손이 이를 성씨로 삼은 것이다. 혹은 오회의 손자 樊이 지금의 山西 安邑縣 昆吾 지역에 살아 昆吾氏라고도 하였다. 고대 吾와 吳는 통용자로 이들이 吳姓으로 발전하여 오회를 시조로 모신다.

③ 요성姚姓에서 기원

고대 舜이 부락 수령으로써 虞 땅에 봉을 받아 有虞氏로 불렸다. 虞와 吳는 음이 비슷하여 舜의 후대가 역시 吳姓이 되었다.

④ 희성姬姓에서 기원

周 太王 고공단보(古公亶父)가 만년에 제위를 季歷에게 넘겨주자, 장자 泰伯과 둘째 仲雍(虞仲)이 江南으로 피하여 梅里(지금의 江蘇 無錫市 동남)에 나라를 세워 句吳라 하였다. 武王이 商을 멸한 뒤 태백의 증손 周章을 제후로 삼아 국호를 정식으로 吳라 하였다. 춘추 말 吳나라가 越나라에 멸망하자 吳王 夫差의 자손이 나라 이름을 성으로 삼고 태백과 중옹을 시조로 모셨다. 오성의 가장 커다란 족원이다.

⑤ 외족의 개성

청대 滿洲族 八旗 烏爾錫氏와 烏拉氏, 烏雅氏 등이 모두 오성으로 바꾸었다.

군망(郡望) : 晉陵郡.

역사상 주요 인물

【吳起】 전국 병법가.
【吳芮】 서한 長沙王.
【吳漢】 동한 대사마.
【吳猛】 晉나라 효자.
【吳均】 남조 梁 문학가.
【吳道子】 당대 화가.
【吳玠·吳璘】 형제 모두 남송초 명장.
【吳堅】 남송 승상.
【吳文英】 남송 사인.
【吳鎭】 원대 화가.
【吳承恩】 명대《西遊記》저자.

【吳寬】명대 예부상서.
【吳偉業】청초 시인.
【吳敬梓】청대《儒林外史》저자.
【吳熙載】청대 篆刻家.
【吳友如】청말 화가.

吳起(吳子)

007
鄭(zhèng): 정

중국 25大姓의 하나. 930여만 명(현재 중국 전체 인구의 약 0.78%). 주로 浙江, 福建, 臺灣 등지에 널리 분포함.

원류

① 희성姬姓에서 기원

　B.C. 804년 周(姬姓) 宣王이 그 아우 姬友를 南鄭(지금의 陝西 華縣 동쪽)에 봉하여 鄭 桓公이라 불렀다. 周 幽王 때 이 환공이 나라에 난이 일어날 것을 예견하고 재산과 가족, 백성을 거느리고 虢國과 鄶國의 중간인 東鄭으로 이주하였다. 그러나 얼마 뒤 유왕과 이 정공이 모두 戎族에게 피살되고 서주가 멸망하였다. 이에 유왕의 아들(宜臼) 平王이 동천하여 洛陽에 나라를 세워 東周로 이어졌다. 한편 정 환공의 아들 武公이 평왕을 동쪽으로 모시면서 무력으로 虢, 鄶 두 나라를 빼앗아 鄭나라를 건립하고 도읍을 新鄭(지금의 河南 新鄭市)으로 옮겼다. 이 鄭나라는 춘추시대 子産을 재상으로 하여 강국으로 발전하였지만 전국시대 韓나라에게 망하고 말았다. 그 유민이 각지로 흩어지면서 나라 이름을 성씨로 삼고 鄭 桓公을 시조로 모신다.

② 자성子姓과 강성姜姓의 정씨

　앞서 姬姓의 정나라 이전에 원래 子姓과 姜姓에서 나온 鄭氏가 있었다. 자성의 정씨는 상나라 때 鄭國을 세웠으며 이들이 상나라가 망하자 周나라는 이들을 渭水 상류로 강제 이주시켰다. 한편 姜姓의 정씨는 齊나라를 세운 姜太公(呂尙)의 후손으로, 周나라 초 강태공의 아들 井叔이 鄭(지금의 陝西 鳳翔市)에 봉해져 子姓의 鄭나라를 다스리도록 임무를 맡았다. 이를 역사에서는 '西鄭'이라 부른다. 뒤에 周 穆王이 西鄭을 빼앗아 下都로 삼아 강성의 정나라는 사라지고 말았다. 이에 그 유민이 나라 이름 정을 성씨로 삼은 것이다. 그러나 여기에서 발원한 정씨는 그 뒤 인멸되어 역사에 더 이상 출현하지 않는다.

③ 기타 정씨

南唐 後主 李煜의 아들 李從이 鄭王에 봉해졌다. 그 외 금대 女眞族 石抹氏와 淸代 滿洲族 八旗의 舒穆祿氏, 鄭佳氏 등이 한화하면서 정씨 성을 취득하였다.

군망(郡望) : 滎陽郡.

역사상 주요 인물

【鄭國】春秋 水利專門家, 鄭國渠를 건설함.
【鄭興·鄭衆】부자 모두 東漢 大司農, 학자.
【鄭玄】동한 학자.
【鄭虔】당대 화가.
【鄭谷】당대 시인.
【鄭樵】남송 사학가.
【鄭思肖】남송 시인, 화가.
【鄭光祖】원대 희곡작가.
【鄭和】명대 항해가.
【鄭成公】명말 대만 이주.
【鄭燮】청말 화가. 揚州八怪의 하나.

008
王(Wáng): 왕

> 王 중국 3大姓(王, 李, 張)의 하나. 9,000여만 명(현재 중국 전체 인구의 약 7.4%). 전국 각지 및 해외에 널리 분포함.

(원류)

① 자성子姓에서 기원

商(殷)나라 말 왕자 比干이 紂王에게 간언을 하다가 피살되어 汲郡에 묻혔다. 그 자손이 그 땅에서 묘를 지키며 원래 왕족이었음을 근거로 성을 王씨로 바꾸었고 이들이 汲郡王氏의 望族이 되었다.

② 희성姬姓에서 기원

네 갈래로 나눌 수 있다.

첫째, 東周 平王의 손자 姬赤이 자신의 아우 姬林이 왕위를 탈취하자 晉나라로 도망하였다. 그 자손이 왕가의 집안이라 하여 성을 왕씨로 삼았다. 그리고 계속하여 지금의 山西 臨猗縣에 살아 河東 猗氏王姓이라 칭하였다.

둘째, 周 靈王의 태자 姬晉이 직간을 심히 하여 미움을 사서 서인으로 폐위되었다. 그리고 琅琊(지금의 山東 膠南)에 대대로 살아 사람들이 그 집안을 '王家'라 불렀으며 이를 성으로 삼았다. 秦漢 교체기에 秦나라 武城侯 王離의 아들 王元과 王威가 전란을 피하여 일부는 지금의 山東 琅琊로 가고, 일부는 山西 太原으로 이주하여 역사상 유명한 琅琊王氏와 太原王氏의 대족으로 발전하였다.

셋째, 東周 考王의 아우 桓公 揭가 王城(지금의 河南 洛陽 王城公園 자리)에 봉을 받았다. 나라가 망하자 그 자손이 河南 伊川, 臨安 등지로 흩어지면서 자신들이 왕성에 살았던 것을 근거로 성을 왕씨라 하였다. 이를 '王城王氏'라 부른다.

넷째, 周 文王의 열다섯째 아들 畢公高의 후손 畢萬이 춘추시대 晉나라 대부가 되어 魏 땅에 봉해졌다. 전국시대 이 魏나라가 韓, 趙와 더불어 晉나라를 三分, 戰國七雄의 반열에 올랐다. 전국 말 秦始皇의 천하통일 때 이 나라가 망하자 戰國四公子의 하나였던 信陵君의 손자 魏卑의 아들이 山東 泰山으로 도망하여 살다가 漢나라 초기 황제의 조서를 받고 入京하여 관직이 올라 蘭陵君에 봉해졌다. 당시 그가 왕족의 후예였음을 두고 사람들이 그 집안을 '王家'라 불렀으며 이에 왕씨를 성씨로 삼게 된 것이다.

이상 姬姓王氏는 왕씨 구성의 가장 큰 주류이며 전국 王氏 家譜의 90% 이상이 희성왕씨에서 나온 것으로 되어 있다.

③ 규성嬀姓에서 기원

전국시대 舜임금의 후예 田氏(陳氏)가 姜姓(姜太公의 왕통)의 齊나라를 탈취하여 田氏齊로 바뀌게 된다. 진나라가 망한 뒤 西楚霸王 項羽가 齊王 田建의 장손 田安을 濟北王에 봉하였다. 그런데 초한전에서 항우가 최후로 유방에게 패하자 전안도 왕위를 잃고 말았다. 이에 전안의 후손이 성을 전씨에서 왕씨로 바꾸었다. 이 지파의 왕씨는 北海, 靑州를 郡望으로 하며 왕씨 중의 또 다른 지파의 주요 구성원으로 자리잡고 있다.

④ 사성과 외성, 외족의 개성

燕 太子 丹의 현손 嘉가 서한 말 王莽이 漢을 찬탈하고 新나라를 세우자 符籍과 보물을 헌납하여 왕망으로부터 총애를 받아 왕씨 성을 하사받았으며, 그 자손들이 왕씨를 성으로 이어갔다. 그 외 鄭樵의 《通志》 氏族略에 의하면 王姓은 "出河南者, 爲可頻氏(西魏 鮮卑族); 出馮翼者, 爲鉗耳族(西羌); 出營州者, 本高麗(高句麗); 出安東者, 本柯史布. 此皆虜姓之王, 大抵子孫以王者之後, 號曰王氏"라 하여 이민족의 왕조 자손들이 거의 왕씨로

성을 삼았다고 하였다. 송대 이후 契丹의 耶律氏, 女眞의 完顔氏 및 西夏의 党項人, 원대 蒙古人, 청대 滿洲族 八旗의 完顔氏, 伊喇氏 등이 모두 王姓으로 개성하여 자신들이 왕족의 후손임을 표시하였다.

<군망(郡望)> : 太原・琅琊・北海・東海・東平・山陽・東萊・陳留・新蔡・新野・高平・京兆・天水・中山・章武・河東・金城・長沙・堂邑・廣漢・河南郡.

<역사상 주요 인물>

【王翦】 전국 말 秦나라 장수.
【王陵】 서한 초 재상.
【王昭君】 흉노로 강제 출가된 미인.
【王莽】 新나라를 세운 황제.
【王充】 동한 학자.
【王粲】 동한 시인. 建安七子의 하나.
【王肅】 삼국 魏나라 학자.
【王戎】 서진 시인 竹林七賢의 하나.
【王祥】 효자, 서진 태위.
【王羲之・王獻之】 부자 모두 동진 유명 서예가.
【王導・王敦】 같은 친척으로 東晉의 대족.
【王通】 수나라 때 학자.
【王勃】 초당 시인. 初唐四傑의 하나.
【王維】 당대 시인, 화가.
【王昌齡・王之渙】 당대 시인.
【王建】 五代十國의 前蜀 건국자.
【王審知】 오대십국의 閩國 건국자.
【王禹偁】 북송 학자, 문학가.
【王旦】 북송 재상.

【王安石】북송 재상, 唐宋八大家의 하나.

【王詵】북송 화가.

【王彦】남송 명장.

【王應麟】남송말 학자.

【王禎】원대 農學者.

【王實甫】원대 희곡작가.

【王蒙】원대 화가.

【王艮】명대 학자.

【王守仁】명대 이학가. 陽明學 창도.

【王夫之】명청 사이 사상가.

【王鑒·王翬·王原祁·王時敏】청초 화가. 四王이라 불림.

【王念孫】청대 학자.

【王士禎】청대 학자, 시인.

【王鳴盛】청대 학자.

【王懿榮】청대 금석학자.

王羲之《三才圖會》

009
馮(Féng): 풍

> 馮 중국 50大姓의 하나. 770여만 명(현재 중국 전체 인구의 약 0.64%). 주로 廣東, 河北, 山東 등지에 분포함.

(원류)

① 귀성歸姓에서 기원

요순시대 지금의 河南 商丘 일대에 활동하던 東夷族 중 歸夷의 한 지파가 山東 荷澤 일대로 이주하여 큰 연꽃(荷)을 토템으로 하는 河伯族이 되었다. 夏나라 중엽 이 하백족의 수령 馮夷가 河洛 일대에서 霸者를 자처하다가, 뒤에 有窮氏에게 쫓겨 지금의 陝西 大荔 일대로 옮겨가 馮夷國을 건설하였다. 서주 초 이 풍이국이 셋으로 나뉘어 그 중 하나가 周 武王에게 멸망하여 그 후손이 馮을 성씨로 하였다. 춘추시대 鄭나라 대부 馮簡子가 바로 이 歸姓 馮氏였으며, 그 뒤 풍씨는 이 풍간자를 시조로 모시게 되었다.

② 희성姬姓에서 기원

周 武王이 그 친족을 馮夷의 故地에 봉하여 역시 그 땅 이름을 그대로 馮이라 하였다. 춘추 초 풍국이 晉나라에게 망하자, 그 유민들이 나라 이름을 취하여 풍씨라 하였다. 그 뒤 周 文王의 15째 아들 畢公 高의 후대이며 晉나라 대부인 畢萬이 魏에 봉해졌고, 그 지계의 서손 魏長卿 역시 馮邑에 봉해졌다. 이에 그 후대가 성을 풍씨로 하면서 위장경을 시조로 모신다. 지금의 풍씨는 거의 자신들이 희성에서 나온 풍씨로 여기고 있다.

③ 소수민족의 馮姓

南蠻 추장 馮盎이 唐나라 초기 南越을 이끌고 당에 투항하여 越國公에 봉해졌다.

군망(郡望) : 始平郡.

역사상 주요 인물

【馮諼(諼)】戰國 齊나라 孟嘗君의 유사.
【馮唐】西漢 車騎都尉.
【馮異】동한 대장군.
【馮跋·馮弘】十六國의 北燕 군주.
【馮延巳】五代 詞人.
【馮道】오대 유명한 재상.
【馮京】북송 樞密使.
【馮夢龍】명대 문학가.
【馮子材】명대 장수.
【馮雲山】청대 太平天國 南王.

010
陳(chén): 진

 중국 10大姓의 하나. 李, 王, 張, 劉 다음으로 5위를 차지함. 5,400여만 명(현재 중국 전체 인구의 약 5.4%). 주로 廣東, 福建, 臺灣 등지에 집중적으로 가장 많이 분포함.

원류

① 규성嬀姓에서 기원

周 武王이 商(殷)을 멸한 뒤 舜임금의 후손 嬀滿을 찾아 陳(지금의 河南 淮陽縣)에 봉하여 陳나라를 세워주었다. 춘추 말기 이 진나라가 초 혜왕에게 망하자, 진나라 공족 대부들이 나라 이름을 성씨로 삼은 것이며 일부는 조상 이름을 성씨로 취하여 陳氏와 滿氏 두 성이 생겨났다. 이에 따라 하남 회양은 진성의 발원지로 여기고 있으며 지금도 '老陳戶'라는 별명을 가지고 있다. 한편 춘추 중기 陳 厲公의 아들 陳完이 내란을 피하여 齊나라로 망명하여 성을 田으로 바꾸었으며, 그 자손이 전국시대 田氏齊의 왕통이 된다. 이들이 秦始皇에게 망하자 마지막 임금 田建의 셋째 아들 田軫이 楚나라로 망명하여 令尹이 되어 潁川侯에 봉해졌다. 그 지역은 지금의 河南 長葛市 북쪽이었으며 이곳에서 陳씨 성을 회복하였다. 이 지파의 진성은 田軫을 시조로 받들며 지금 軫姓의 최대 성원이다.

② 이민족의 개성

남북조 後魏 鮮卑族의 莫陳氏가 中原으로 들어오면서 陳氏로 바꾸었고, 元末 남방 紅巾軍의 수령 陳友諒은 본래 謝姓이었으나 그 조상이 陳氏의 사위로 들어가 성을 진씨로 바꾼 것이다.

군망(郡望) : 潁川郡.

역사상 주요 인물

【陳勝】秦末 농민군 수령.
【陳平】서한초 劉邦의 재상.
【陳壽】西晉 사학가,《三國志》찬술.
【陳霸先】남조 陳나라 개국군주.
【陳子昂】당나라 시인.
【陳禕】당나라 玄奘法師의 속명.
【陳摶】오대말·북송초의 도사.
【陳東】북송말 태학생.
【陳亮】남송 학자.
【陳洪綬】명대 화가.
【陳化成】청말 명장.
【陳寶箴】청말 명신.
【陳玉成】청대 太平天國의 英王.

011
褚(Chǔ): 저

褚 주로 上海, 福建, 遼寧 등지에 널리 분포되어 있음.

[원류]

① 자성子姓에서 기원

《通志》氏族略에 의하면 상(子姓)나라 왕족의 후예로 宋 恭公의 아들 段이 褚邑(지금의 河南 洛陽市)을 채읍으로 받아 "其德可師"라 할 만큼 덕이 높아 '褚師'라 칭송을 받았다. 이에 그 후대들이 이를 성씨로 삼은 것이다.

② 관직의 명칭에서 기원

춘추시대 宋, 衛, 鄭 등 나라에서는 '褚師'라는 관직을 두어 시장의 물가와 무역을 담당하도록 하여 이를 일명 '市令'이라 불렀다. 그 자손들이 '褚師'를 성씨로 삼았다가 뒤에 줄여서 褚姓을 취하게 되었다.

[군망(郡望)]: 河南郡.

역사상 주요 인물

【褚少孫】西漢 經學博士.
【褚淵】남조 齊나라 尙書令.
【褚遂良】당초 명신, 서예가.
【褚無量】당대 학자.
【褚廷璋】청대 학자.

褚遂良(登善)《三才圖會》

012
衛(wèi): 위

衛 주로 上海, 四川, 陝西 등지에 분포함.

원류

① 희성姬姓에서 기원

서주 초 周公 旦(姬旦)이 武庚의 난을 평정한 뒤 文王의 9번째 아들 康叔을 商나라 도읍이었던 朝歌에 봉하여 상나라 유민 七族을 관리하도록 하면서 衛(河南 淇縣)나라를 세워주었다. 전국시대 위나라가 秦나라에게 멸망하자 그 유민들이 나라 이름을 성으로 삼은 것이다.

② 외족의 개성

匈奴, 鮮卑, 吐谷渾과 淸代 滿洲族 중에 이 衛姓으로 개성한 자가 있었지만 그 수는 그리 많지 않다.

군망(郡望) : 河東·陳留郡.

역사상 주요 인물

【衛綰】서한 승상.
【衛靑】서한 명장.
【衛瓘】西晉 장군.
【衛夫人】동진 여류 서예가.
【衛涇】남송 狀元, 參知政事.
【衛靖】명대 학자.

선우화친(單于和親) 와당

013
蔣(Jiǎng): 장

> 蔣 중국 50大姓의 하나. 560여만 명(현재 중국 전체 인구의 약 0.47%). 주로 四川, 湘江 일대와 江蘇, 浙江 등지에 분포함.

(원류)

① 자성子姓에서 기원

　蔣의 뜻은 오이의 일종(苽, 茭白)이며, 河南 修武와 獲嘉의 蔣河에서 가장 많이 생산된다. 그곳 사람들이 이를 취하여 오이를 토템으로 삼아 부락이 蔣을 부락의 명칭인 동시에 지명으로 삼았다. 그 후인이 商(殷)나라에 들어와 다시 고향 蔣 땅에 봉해졌으며, 서주 초 이 蔣國이 멸망하자 그 후손이 나라 이름을 성씨로 삼은 것이다. 한편 이들이 북쪽으로 이동하여 산서 蔣谷(지금의 山西 晉中市 동남)에 자리를 잡았다.

② 희성姬姓에서 기원

　서주 초 周公(姬旦)이 넷째 아우 伯齡을 蔣(지금의 河南 獲嘉縣 서북)에 봉하였다가 뒤에 봉지를 淮河와 漢水 사이의 蔣鄕으로 옮겼다. 춘추시대 장국이 楚나라에게 망하자, 장국의 유민이 사방으로 흩어졌다. 그 중 하나는 초나라 백성이 되었고, 하나는 貴州 동부 蔣州(獎州)로 갔으며, 하나는 동쪽 山東 膠東지역으로 갔고, 나머지 하나는 남쪽 湖南 湘鄕 일대로 옮겨갔다.

③ 외족의 개성

청대 滿洲族 八旗의 蔣佳氏는 원래 漢族으로, 滿化하였다가 뒤에 다시 蔣氏로 성을 바꾸었다.

군망(郡望) : 樂安郡.

역사상 주요 인물

【蔣詡】서한 兗州刺史.
【蔣琬】삼국 蜀漢의 승상.
【蔣防】당대 문학가.
【蔣捷】남송 사인.
【蔣廷錫】청대 文華殿 大學士.
【蔣士銓】청대 희곡작가.
【蔣介石】民國 총통.

014
沈(shěn): 심

> 沈 중국 50大姓의 하나. 600여만 명(현재 중국 전체 인구의 약 0.5%). 절강, 강소 일대에 널리 분포함.

(원류)

① 영성嬴姓에서 기원

黃帝 軒轅氏의 후예가 高辛氏이며, 이 고신씨의 후예로 沈部落이 있어 처음 山東 曲阜市 沈猶에 살아 沈猶氏라 하였다. 이들은 少昊 金天氏와 잡거하여 東夷族이 되고 말았다. 그 때문에 嬴姓을 얻게 된 것이다. 뒤에 이들은 山西 汾水와 澮水 사이에 沈國을 건립하였다가, 西周 전기 晉나라가 커지면서 그에 합병당하고 말았다. 이에 심씨가 남쪽으로 河南 沈丘에 이르러 다시 나라를 세웠으나, 周 昭王의 淮夷 정벌 때 소멸되고 말았다. 이에 그 후손이 나라 이름을 성씨로 삼게 된 것이다.

② 사성姒姓에서 기원

서주 초 姒姓의 沈國(지금의 河南 固始縣)이 蔣國에게 소멸되자, 유민들이 남쪽 楚나라 沈鹿(지금의 湖北 鍾祥市 동쪽)으로 옮겨 초나라의 읍이 되었다. 그 자손이 나라 이름을 성씨로 삼게 된 것이다.

③ 희성姬姓에서 기원

세 갈래로 나눌 수 있으며, 하나는 서주 초 周 成王이 叔季載를 沈(지금의 河南 平興縣 북쪽)에 봉하여 나라를 세워주었는데 춘추시대 蔡나라에게 멸망하고 말았다. 그 후손이 이에 심씨를 성으로 삼았다. 다음으로 서주 昭王 때 蔣國이 沈國을 멸한 곳에 그 아들을 봉하여 姬姓의 심국을 세웠다. 세 번째는 魯 煬公이 그 서자 沈季를 沈猶에 봉하여 노나라 부용국으로 삼았다. 한편 周 昭王이 남정하여 淮夷를 토벌할 때 沈季가 따라나서 嬴姓의 심국을 멸하였으며, 심계의 아들 沈子它가 沈丘集(지금의 安徽 阜陽市 서북)에 봉하여 沈子國을 건설하였다. 춘추 중엽 이 두 희성 심국이 모두 楚나라에 의해 망하자, 그 자손들이 심을 성씨로 삼게 된 것이다.

④ 미성羋姓에서 기원

楚 莊王이 심국(지금의 河南 固始縣)을 점령한 뒤, 그 아들 公子 貞을 沈鹿에 봉하였다가 다시 孫叔敖의 아들을 그곳에 봉하였다. 이에 따라 羋姓의 심씨가 생겨나게 되었다.

군망(郡望) : 吳興郡.

역사상 주요 인물

【沈靖】 서한 濟陰太守.
【沈約】 南朝 문학가, 음운학자.
【沈佺期】 당대 시인.
【沈旣濟】 당대 문학가.
【沈括】 북송 학자.
【沈周】 명대 화가.

【沈璟】명대 극작가.
【沈葆禎】청대 명신.

015
韓(Hán): 한

韓 중국 50大姓의 하나. 800여만 명(현재 중국 전체 인구의 약 0.68%). 주로 河南, 山東 두 성에 집중적으로 분포함.

원류

① 동성董姓에서 기원

고대 顓頊 高陽氏의 후예 吳回가 여섯 아들을 낳아 여섯 부락을 형성하였다. 그 둘째 惠連(일명 參胡)이 董姓을 얻었으며 韓(지금의 山西 永濟縣 남쪽 韓陽)에 살았으며, 그 한 아들이 우물에 대하여 잘 알고 관리를 잘하여 韓氏라 불렸다. 이 韓나라가 西周 초 멸망하자 그 자손이 나라 이름을 성씨로 삼은 것이다.

② 희씨姬氏에서 기원

西周 초 周 武王이 그 다섯째 아들 韓叔을 고대 韓나라 땅에 봉하여 姬姓의 韓國을 설립하였다. 東周 初 同姓 晉나라가 이 한나라를 멸망시키고 晉 穆侯가 唐叔虞(成王의 아우)의 후손 韓萬을 韓原(지금의 陝西 韓城市 서남, 혹 山西 芮城縣이라고도 함)에 봉하였다. 춘추 말 이들이 晉나라 六卿의 하나로 성장하여 趙, 魏 등과 함께 晉나라를 삼분하여 戰國七雄의 하나가 되었다. 뒤에 韓나라는 秦始皇의 통일전쟁에 패하여 나라가 망하였으며, 그 후손이 나라 이름을 성씨로 삼은 것이다. 지금 중국 한씨는 거의 이 계열이다.

③ 외족의 개성

　　北朝 後魏 出大汗氏(혹 步大汗氏, 匈奴 高車部 혈통)와 清代 滿洲族 八旗의 罕扎氏 등이 모두 韓氏로 성을 바꾸었다.

군망(郡望) : 南陽 · 潁川 · 昌黎郡.

역사상 주요 인물

【韓非】 전국시대 법가 대표 인물,《韓非子》저술.
【韓信】 서한 명장.
【韓嬰】 서한 학자.《韓詩外傳》남김.
【韓擒虎】 수나라 장군.
【韓滉】 당대 재상, 화가.
【韓幹】 당대 화가.
【韓愈】 당대 문필가. 唐宋八大家의 하나.
【韓琦】 북송 재상.
【韓世忠】 남송초 金나라에 대항한 명장.
【韓企先】 金나라 때 재상.

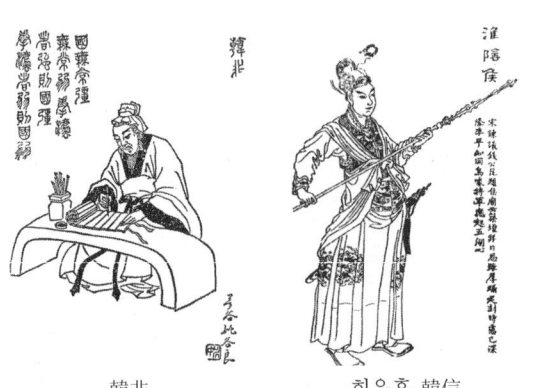
　　　韓非　　　　　회음후 韓信

韓愈(768~824)

016
楊(Yáng): 양

楊 중국 10大姓의 하나. 李, 王, 張, 劉, 陳 다음의 6위를 차지하고 있음. 3,700여만 명(현재 중국 전체 인구의 약 3.1%). 주로 중국 西南 지역과 中原 지역에 집중적으로 분포함.

원류

① 희성姬姓에서 기원

세 갈래로 나눌 수 있다.

서주 초 周(姬姓) 武王이 셋째 아우 叔虞를 唐에 봉하여 唐叔虞라 불렀다. 康王 때 숙우의 아들 서(杼)가 楊(지금의 山西 洪洞縣 동남) 땅을 봉지로 받아 楊侯라 불렸으며 이가 양씨의 시조이다. 그러다가 동주 때 楊國이 晉 武公에게 망하자 그 자손들이 각지로 흩어졌다. 지금의 湘, 黔, 粵, 瓊 및 일부 해외에 나가 있는 이들은 모두 양서(楊杼)를 시조로 하고 있다.

두 번째, 춘추시대 진 무공이 양국을 멸한 뒤 그 막내아들 伯僑를 그 땅에 봉하였다. 뒤에 백교의 증손 양설힐(羊舌肸)이 양읍을 식읍으로 받아 그 후손들이 봉지 이름을 성씨로 삼았다. 이 지파의 양씨들은 뒤에 晉 頃公이 '六卿之難' 때 陝西로 피신하여 華陰에 정착하였다. 전국시대 이 華陰楊氏는 급속히 발전하여 關中과 河南 일대에 널리 퍼졌다. 동한의 楊震은 바로 弘農 華陰에서 나온 이들이며 그 후인들은 모두 걸출하여 하나의 弘農楊氏로 알려지기 시작하였다.

세 번째로 周 景王의 후예가 楊(지금의 河南 宜陽縣 서쪽)에 봉해져 周나라 부용국이 되었다. 그 후예가 역시 양씨를 성씨로 삼았다. 이 지파는 세상에 널리 알려지지 않았으며 역사 기록에도 찾아보기 어렵다.

② 외족의 개성

서북 楊氏 氐羌이 동진시대 仇池國(지금의 甘肅 亞和縣 남쪽)을 건설하였다가 곧바로 北朝 後魏 때 망하고 말았다. 唐나라가 들어서자 氐羌 楊氏는 모두 한족에게 융합되고 말았다. 선비족 막호로씨와 위지씨, 그리고 무도의 백마저인, 돌궐의 사타인, 서하 당항족의 당올씨, 청대 만주족 팔기의 열복사씨와 니마찰씨, 그리고 부륵합씨, 양나씨, 양가씨 등은 모두 양씨 성을 취하였다. 그리고 한국 성씨 중 역시 한국 고유의 양씨가 있다.

③ 楊氏와 揚氏

고대 '楊'과 '揚'은 통용하여 揚씨는 곧 楊씨의 다른 표기이다.

군망(郡望) : 弘農郡.

역사상 주요 인물

【楊朱】 전국 초 사상가.
【楊雄(揚雄)】 서한 학자.
【楊震】 동한 태위.
【楊修】 동한말 문학가, 양진의 아들.
【楊堅】 수나라 건국자, 隋文帝.
【楊炯】 初唐四傑의 하나.
【楊玉環】 楊貴妃. 唐 玄宗의 귀비.
【楊惠之】 당대 조각가.
【楊炎】 당대 명신.
【楊凝式】 五代 서예가.
【楊業·楊延昭·楊文廣】 祖孫 삼대에 걸친 북송 명장.

隋文帝 楊堅

【楊億】북송 사인.
【楊時】북송말 학자.
【楊萬里】남송 시인.
【楊輝】남송 數學者.
【楊士奇】명대 명신.
【楊愼】명대 문학가.
【楊漣】명말 명신.
【楊秀淸】청말 太平天國 東王.
【楊守敬】청말 역사지리학자.

楊雄(揚雄)《三才圖會》

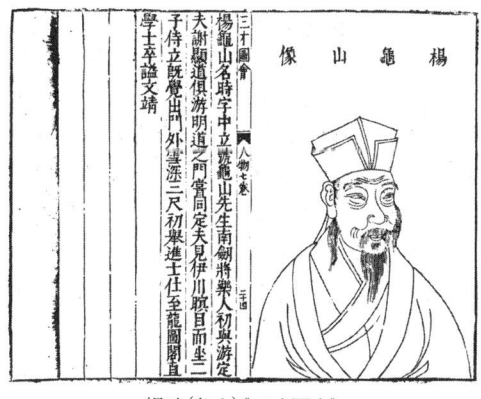

楊時(龜山)《三才圖會》

017
朱(zhū): 주

 중국 20大姓의 하나. 1,500여만 명(현재 중국 전체 인구의 약 1.3%). 주로 江蘇, 浙江, 安徽 등지에 분포함.

원류

① 고대 주양씨朱襄氏에서 기원

고대 朱襄氏 族이 지금의 河南 淮陽 일대에 활동하였으며, 그 후손이 성을 주씨로 하였다. 舜임금 때 朱虎(朱彪)가 있으며, 그 자손이 선진시대 冀(河北), 魯(山東), 豫(河南) 등지에서 활동하였다. 西周 때 은사 朱張, 전국 시대 齊나라 朱毛, 魏나라 朱亥 등은 모두 이 주호의 후손이다.

② 이성狸姓에서 기원

舜이 堯의 아들 丹朱를 물리친 다음 단주를 房邑侯로 강등시키고 별도로 狸姓을 주었다. 단주 부족이 왕위 쟁탈전에 실패하자 족인이 사방으로 흩어 졌으며 그 중 한 지파가 단주의 이름에서 朱자를 성씨로 하였다.

③ 조성曹姓에서 기원

顓頊 高陽氏의 후손 陸終의 다섯째 아들 安이 禹임금으로부터 曹성을 하사받았다. 서주 초 주 무왕이 조안의 후예 曹挾을 邾國(지금의 山東 曲阜市

동남)에 봉하여 魯나라 부용국으로 삼았다. 전국 중기 楚나라가 이 邾나라를 멸하고 이들을 邾地(지금의 湖北 黃岡市 서북)로 이주시켰다. 이에 주인들이 '邾'자에서 '阝'을 제하고 '朱'자로 성을 삼았다. 漢魏 시기 그 후대가 沛國에서 발전하여 望族이 되었으며, 曹姓朱氏는 주씨의 가장 주된 姓源이다.

④ 자성子姓에서 기원

서주 초 商(殷, 子姓) 紂王의 서형 微子·啓가 宋에 봉해졌다. 전국 후기 제나라가 송나라를 멸하자, 송군의 자손이 사방으로 흩어지면서 公子 朱가 지금의 江西 碭山에 살게 되었다. 이에 이들이 뒤에 주자를 성씨로 삼았다. 秦漢 시기 이들이 河南 南陽으로 옮겼으며, 東漢 때 크게 발전하여 주씨 대족이 되었다.

⑤ 외성, 외족의 개성

삼국시대 다른 성씨들이 주씨로 개성한 예가 끊임 없었다. 아울러 明代 朱元璋이 황제가 되자, 많은 공신들에게 주씨 성을 하사하여 그 수가 엄청나게 늘었다. 그리고 北朝 後魏 鮮卑族 慕容部의 可朱渾氏와 金代 女眞族의 兀顔氏, 淸代 滿洲族 八旗의 烏蘇氏·朱佳氏·朱錫哩氏 등이 모두 집단적으로 朱씨 성을 택하였다.

군망(郡望) : 沛郡.

역사상 주요 인물

【朱買臣】 서한 명신.
【朱儁】 동한 대장.
【朱士行】 삼국 魏나라 명승.

【朱序】 동진 명장.
【朱溫】 五代 後梁의 개국 군주.
【朱淑眞】 북송 女流詞人.
【朱敬儒】 북송 사인.
【朱熹】 남송 이학가. 朱子.
【朱元璋】 명나라 건국 황제 明 太祖.
【朱載堉】 명대 사학가.
【朱之瑜】 명말 청초 학자.
【朱耷】 청초 화가, 八大山人.
【朱彛尊】 청대 문학가.
【朱駿聲】 청대 문자학자.

朱子(朱熹, 晦菴)《三才圖會》

朱棣(1360~1424)

018
秦(Qin): 진

 중국 100大姓의 하나. 310여만 명(현재 중국 전체 인구의 약 0.26%). 주로 河南, 四川, 廣西 桂林, 江蘇 蘇州 등지에 분포함.

원류

① 영성嬴姓에서 기원

少昊 金天氏의 후예 고요(皐陶)의 아들 伯益이, 禹의 치수 사업을 도와 공을 세워 嬴姓을 얻게 되었다. 이 백익의 후손 非子가 말을 잘 길러, 周 孝王 때 隴西 秦亭(지금의 甘肅 禮縣 동북)에 봉해져 嬴秦이라 불렸으며 周나라 부용국이 되었다. 그 뒤 秦 襄公이 周 平王의 동천(낙양으로 천도, 동주의 시작)을 도운 공로로 정식 제후국이 되었으며, 전국시대 秦 孝公이 商鞅의 변법을 채용하여 강력한 제후국으로 성장, 戰國七雄의 우두머리가 되었다. 드디어 秦王 政(嬴政, 秦始皇)에 이르러 六國을 멸하고 천하통일을 달성하였다. 이 제국이 3대 15년 만에 망하고 그 후손이 나라 이름을 성씨로 삼은 것이다.

② 희성姬姓에서 기원

주공(姬旦)의 아들 伯禽이 봉지 魯나라에 이르러 정치를 폈으며, 그 후손이 秦邑(지금의 河南 范縣 동남)에 봉을 받은 자가 있어 그 후손이 그 봉지 이름을 성씨로 삼은 것이다.

③ 외족의 개성

선진시대 秦 昭王 때 西蜀 巴人의 賓族 중에 秦姓을 가진 자가 있었으며, 서한 때 로마제국을 大秦國이라 불러 그곳에서 파견온 사신이 돌아가지 않고 머무른 자 중에 혼인을 거쳐 성을 얻어 秦姓을 취득한 자들이 있었다. 그리고 金代 女眞族의 抹撚氏와 淸代 滿洲族 八旗의 穆顔氏 등이 모두 秦으로 성씨를 삼았다.

군망(郡望) : 太原, 天水郡.

역사상 주요 인물

【秦越人】 전국시대 명의, 扁鵲.
【秦彭】 동한 山陽太守.
【秦瓊】 당초 대장군.
【秦韜玉】 당대 詩人.
【秦觀】 북송 사인.
【秦九韶】 남송 數學者.
【秦良玉】 명대 女將軍.
【秦蕙田】 청대 학자.

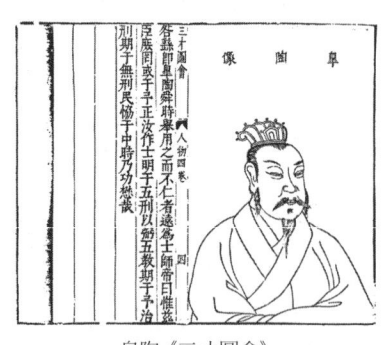
皐陶《三才圖會》

秦始皇

019
尤(Yóu): 우

 주로 강남 일대와 복건, 대만 등지에 널리 분포함.

[원류]

① 구성仇姓에서 기원

춘추시대 宋나라 대부 仇牧이 宋 閔公의 난에 찾아가 목숨을 바쳤다. 그 자손이 화를 피하여 성을 바꾸었는데 그 중 하나가 尤씨였다. 東漢 尤利多, 尤邇 등은 모두 그 구목의 후예라 한다.

② 심성沈姓에서 기원

唐末 五代 때 王審知가 福建에 閩國을 세우고 나라에 자신의 이름자와 같은 발음의 글자를 쓰는 자를 모두 바꾸도록 하였다. 이에 그곳 심씨들이 審자를 피하여 모두 'ㅣ'를 제하고 尤자를 쓰게 되었다 한다. 그 때문에 "尤姓出自沈姓"이라는 말이 나왔으며, 이 閩國이 망한 뒤 일부 우씨들이 본래 성씨를 회복하지 아니한 채 우성을 지켰다. 이 때문에 우성은 지금 복건에 가장 많으며 남송 시인 尤袤, 명대 도독 尤世威, 청대 화가 尤蔭 등은 모두 이 우씨 출신이다.

③ 왕성王姓에서 기원

五代 말 閩國이 멸망한 뒤 王審知의 후대가 화를 면하기 위해 그곳에 많던 우씨로 성을 바꾸었다.

군망(郡望) : 吳興郡.

역사상 주요 인물

【尤袤】 남송 사인.
【尤玘】 원대 문학가.
【尤文】 원대 학자.
【尤世威】 명대 都督.
【尤侗·尤棟】 청대 학자.

020
許(xǔ): 허

 중국 50大姓의 하나. 인구 650여만 명(현재 중국 전체 인구의 약 0.54%). 浙江과 雲南 등지에 주로 분포함.

원류

① 허유許由의 후손

帝堯 때 현인 許由의 자는 武仲으로 요가 천하를 그에게 선양하려 하자, 이를 거부하고 潁水 가에서 귀를 씻고 箕山으로 숨어들었다고 한다. 이에 그의 뒤를 이은 이들이 許를 성씨로 삼은 것이다.

② 강성姜姓에서 기원

周 武王이 殷을 멸한 다음 炎帝의 후손 姜文叔을 許(지금의 河南 許昌市 동쪽)에 봉해져서 許侯라 불렸다. 그러나 이 나라가 鄭, 楚 사이에 고통을 당하여 지금의 河南 魯山 남쪽으로 이주하였다. 이 許나라 결국 楚나라에게 망하자 그 족인이 나라 이름을 성으로 삼은 것이다.

군망(郡望) : 高陽郡.

> 역사상 주요 인물

【許由】帝堯 때 현인.
【許行】전국 農學家.
【許愼】동한 문자학자.《說文解字》찬술.
【許劭】동한 학자.
【許褚】삼국 魏 虎將.
【許遠】당대 명장.
【許渾】당대 시인.
【許叔微】남송 의학자.
【許衡】원초 학자.
【許謙】원대 학자.
【許景澄】청대 외교관.

021
何(Hé): 하

> 何 중국 20大姓의 하나. 1,400여만 명(현재 중국 전체 인구의 약 1.2%). 주로 四川, 廣東 등지에 집중적으로 분포함.

[원류]

① 귀성歸姓에서 기원

黃帝 軒轅氏 때 何姓이 있었으며 東夷族 중 歸夷의 한 지파였다. 이들이 황하 하류 山東 荷澤에 何國을 건설하였다. 舜임금 때 하성의 한 지파가 순임금을 따라 남쪽으로 이동하여 湖南 寧遠, 道縣 일대에 살게 되었다. 지금도 도현은 何姓이 望族이다. 湘(호남)으로 들어간 이들 하성은 湘南 瑤族과 융합하여 요족 12姓의 하나가 되기도 하였다.

② 희성姬姓에서 기원

西周 初 周 成王의 아우 唐叔虞의 후손이 韓 땅을 봉지로 받아 韓國을 세웠다. 이들이 秦나라에게 망하자 韓王의 자손이 나라 이름을 성씨로 삼았다. 그 중 한왕 安의 아들이 원수를 피하여 江淮 일대로 도망하였는데 그곳 사람들이 韓자를 何자로 발음하여 何姓이 되고 말았다. 그 후손이 이를 바꾸지 아니하고 그대로 何氏로 이어왔다.

③ 외성, 외족의 개성

《漢書》五行志에 西漢 사람 朱何苗는 朱자를 제외하고 何자를 성으로 삼아 '何苗'라 성명을 고쳤다는 기록이 있다. 그 후손이 이를 그대로 이어 하성이 되었다. 河南 何氏는 원래 北朝 後魏 鮮卑族 賀拔氏에서 비롯된 것이며, 姑臧 何氏는 唐代 西域 何國에서 비롯되었고, 太原 何氏는 송대 回鶻(위구르의 전신)에서 비롯되었다. 그 외에 淸代 滿洲族 八旗의 赫舍里氏, 董鄂氏, 輝和氏, 阿禮哈氏 등은 모두 何氏로 성을 삼았다.

군망(郡望) : 廬江郡.

역사상 주요 인물

【何休】 동한 학자.
【何進】 동한 대신.
【何晏】 삼국 魏 학자.
【何承天】 남조 천문학자.
【何景明】 명대 문학가.
【何紹基】 청대 서예가.
【何鴻舫】 청대 강남 명의.

022
呂(Lǚ): 려

> 呂 중국 100大姓의 하나. 560여만 명(현재 중국 전체 인구의 약 0.47%). 山東, 河南 등지에 집중적으로 분포함.

(원류)

① 강성姜姓에서 기원

炎帝 神農氏의 후예 伯益이 禹의 치수 사업에 공을 세워 呂(지금의 河南 南陽市 서쪽)에 봉을 받아 呂侯라 하였으며 姜姓을 하사받았다. 그 후손이 나라 이름을 성씨로 삼은 것이다. 西周 初 呂侯가 입조하여 周나라 司寇가 되었으며 周 宣王 때 呂國의 이름을 甫國으로 바꾸고 여씨의 한 지파를 대신 河南 新蔡에 봉하여 東蔡라 불렀다. 춘추 초 東呂가 宋나라에게 망하였고, 춘추 중기에는 甫國도 楚 文王에게 망하고 말았다. 이 두 나라 자손이 나라가 망한 뒤 나라 이름을 성씨로 삼았던 것이다. 한편 백익의 먼 후손 呂尙은 姜子牙라 불렀으며, 周나라 太公이 기다리던 사람이라 하여 太公望으로 불렸다. 이가 周 武王을 도와 商(殷)을 멸하고 齊나라 개국 시조가 되었디. 전국시대 姜齊가 田齊로 바뀌자, 그 족인이 東平 壽張(지금의 山東 東平縣 서남)으로 이주하여 당지의 望族으로 성장하였다. 뒤이어 西漢 초 呂靑이 漢 高祖 劉邦을 도와 漢나라 건국에 공을 세워 信陽侯에 봉해졌으며, 그 후손이 河東으로 이주하여 그곳의 망족이 되었다. 강성의 呂氏는 지금 呂氏의 주요 族源이다.

② 희성姬姓에서 기원

서주 초 周 武王이 친족을 魏城에 봉하여 위씨 성이 생겼으며, 춘추시대 晉나라 대부 魏錡가 呂(지금의 山西 霍縣 서남) 땅을 식읍으로 받아 呂錡라 하였다. 그 아들 呂相이 이에 呂를 성씨로 하였다.

③ 외족의 개성

北朝 後魏 鮮卑族의 比丘氏, 副呂氏, 叱呂氏, 俟呂陵氏, 叱呂引氏 등이 모두 漢化 과정에서 성을 呂氏로 하였다.

군망(郡望) : 河東, 東平郡.

역사상 주요 인물

【呂尙】 서주초 대신, 강태공.
【呂不韋】 전국 진나라 재상, 진시황의 친부.
【呂雉】 서한 고조 유방의 황후.
【呂布】 동한말 명장.
【呂蒙】 삼국 동오의 대장.
【呂光】 十六國 後涼의 개국군주.
【呂才】 당대 학자.
【呂純陽】 당대 도사. 八仙의 하나. 呂洞賓.
【呂蒙正·呂端·呂夷簡·呂公著·呂大防】
  북송의 명재상들.
【呂大臨】 북송 학자.
【呂祖謙】 남송 학자.
【呂紀】 명대 화가.

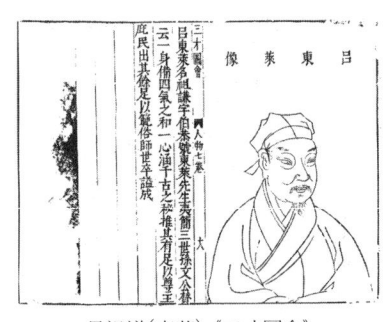

呂祖謙(東萊) 《三才圖會》

【呂坤】 명대 학자.
【呂留良】 청초 사상가.

023
施(shi): 시

 주로 江蘇, 浙江 등지에 널리 분포함.

(원류)

① 나라 이름에서 기원

하나라 때 제후국 중에 施國(지금의 湖北 恩施 일대)이 있었다. 나라가 망한 뒤 유민들이 나라 이름을 성씨로 삼은 것이다.

② 희성姬姓에서 기원

춘추시대 魯(姬姓) 惠公의 아들 公子 尾의 자가 시보(施父)였는데 노나라 현대부였다. 그 손자 孝叔이 조부의 자를 성으로 삼은 것이며, 뒤에 '父'자를 제외하고 '施'자로 성을 삼았다. 이 施姓은 姬姓의 주요 지파 중의 하나이다.

③ 외성의 개성

명나라 초기 명신 方孝孺이 靖難之變으로 피살되자 그 자손들이 화를 피하고자 '施'자를 풀이하여 "方人也", 즉 "방씨 집안 사람"이라 여겨 개성한 것이다.

군망(郡望) : 吳興郡.

역사상 주요 인물

【施之常】춘추 공자 제자.
【施肩吾】당대 시인.
【施耐庵】원말 문학가. 《水滸志》저자.
【施琅】청대 명장.
【施定庵】청대 유명한 棋士.

024
張(zhāng): 장

> 張 중국 3大姓의 하나. 8,500여만 명(현재 중국 전체 인구의 약 7.1%). 북방 전지역과 東北 지역에 주로 분포함.

[원류]

① 희성姬姓에서 기원

　　宋代 鄭樵의 《通志》 氏族略에 의하면, "黃帝 軒轅氏의 아들 少昊 靑陽氏의 다섯째 아들 揮가 弓正이 되어 弧星이라는 별을 관찰하여 弓矢를 처음 제작하였으며, 호성을 제사하는 일을 맡아 '張'이라는 성을 하사 받았다" 하였다. 그러나 황제의 賜姓을 "非命姓氏之義也"라 하여 성씨를 내린 것이 아니라고 주를 달고 있어, 도리어 관직명에서 시작된 것으로 보고 있다. '弓正' 은 달리 '弓長'이라고도 칭하여 후손이 그 두 글자를 합하여 '張'자로 만든 것이다. 한편 춘추시대 晉나라 卿벼슬의 解張은 자가 張侯였으며 그 조상이 周 왕실이라 하였다. 그 후손이 이 장후의 이름 자를 성씨로 삼은 것이다. 그리고 춘추 말 晉나라의 三家分晉 후 그 장씨의 족인이 韓氏의 가신 대부가 되어 점차 세력을 키워 망족이 된 것이다. 東漢 이후 黃帝를 모시는 道敎의 흥성으로 인해 "황제가 장씨 성을 하사하였다"는 설이 널리 퍼지면서 장씨 성이 급속히 발전하게 되었다.

② 외성, 외족의 개성

　秦末 韓나라 귀족 姬良은 博狼沙에서 秦始皇을 살해할 계획을 세웠다가 실패하자 급히 성을 張氏로 바꾸고 숨었으며, 三國 魏나라 명장 張遼는 본래 聶氏였으나, 성을 張으로 바꾸고 대대로 馬邑에 살아 馬邑 張氏로 발전하였다. 그리고 龍佑那는 諸葛亮이 그에게 張씨 성을 주었으며 이 후손이 대대로 雲南에 살아 大族을 이루었다. 元 太祖 칭기즈칸의 후예 張攀枝는 원말 난을 피하여 장씨로 성을 바꾸고 급히 西南으로 옮겨가 雲南 彭水 高谷 일대 장씨로 발전하였다. 청대 滿洲族의 각 씨족은 거의 張氏로 성을 바꾸어 北方과 東北 장씨의 큰 族源이 되었다.

군망(郡望) : 襄陽·河南·河東·始興·馮翊·吳郡·平原·淸河·河間·中山·魏郡·蜀郡.

역사상 주요 인물

【張儀】 전국 종횡가.
【張良】 서한 명인, 책사.
【張騫】 서한 서역 개척자.
【張衡】 동한 학자, 문학가.
【張芝】 동한 서예가.
【張仲景】 동한 의학자.
【張道陵】 동한말 五斗米敎 敎主.
【張角】 동한말 黃巾軍 수령.
【張飛】 삼국 촉한 대장.
【張遼】 삼국 위나라 명장.
【張華】 서진 대신, 학자.《博物志》저술.
【張翰】 서진 문학가.

張良

【張僧繇】 남조 량 유명화가.

【張說·張九齡】 당대 명상, 시인.

【僧一行】 당대 명승, 속성 張.

【張巡】 당대 명장.

【張繼】 당대 시인.

【張旭】 당대 서예가.

【張載】 북송 이학가.

【張耒】 북송 시인, 蘇門四學士의 하나.

【張浚】 남송 재상.

【張栻】 남송 학자.

【張子和】 금대 의학자.

【張居正】 명대 재상.

【張溥】 명대 문학가.

【張之洞】 청말 洋務運動家.

張栻(南軒)《三才圖會》

025
孔(Kǒng): 공

> 孔 중국 100大姓의 하나. 350여만 명(현재 중국 전체 인구의 약 0.29%). 주로 山東 지역에 집중적으로 분포함.

원류

① 강성姜姓에서 기원

고대 女媧氏시대와 그 아래 堯舜시대에 이르기까지 共工氏 족속이 계속하여 華北 지역을 무대로 살고 있었다. 그 씨족의 수령이 共工이었으며 이들이 姜姓되었다. 黃帝의 史官 孔甲과 춘추시대 齊나라 대부 공회(孔虺)는 모두 이들 강씨 후손이다.

② 자성子姓에서 기원

두 갈래로 나눌 수 있다. 그 하나는 商나라 개국 군주 湯임금의 자가 太乙이었으며 子姓이었다. 그 후예가 자칭 왕족이라 하면서 '子'자에 太乙의 '乙'자를 더하여 '孔'자를 만들었다. 둘째는 춘추시대 宋(子姓) 緡公의 5세손 공보가(孔父嘉)가 송나라 大司馬가 되었다. 마침 宋 殤公이 太宰 華督에게 피살되자, 그 자손이 魯나라로 망명하여 孔을 성씨로 하였다. 孔子(仲尼)는 바로 이 지파에서 나온 것이며, 지금 공씨는 거의 이 계열이다.

③ 희성姬姓에서 기원

춘추 鄭(姬姓) 文公 때 대부 孔叔의 집안은 周王과 동족이라 하여 姬姓 孔氏가 되었다.

④ 규성嬀姓에서 기원

춘추 陳(嬀姓) 靈公 때 대부 孔甯의 집안은 舜임금의 후예라 하며 이가 嬀姓 孔氏이다.

⑤ 길성姞姓에서 기원

黃帝의 아들로서 성을 얻은 자가 12명이라 하였으며 그 중 姞姓이 있었다. 黃帝 姞姓의 후예로서 西周 초 南燕(지금의 河南 武陟縣 서남)에 봉해진 자가 있어 희성과 통혼하였다. 이들이 鄭나라에게 망하자 그 유민이 衛나라로 망명하여 공씨를 성으로 하였으며 대대로 衛나라 卿이 되었다. 衛 成公 때 대부 孔達과 莊公 때 대부 孔悝는 모두 이 姞姓의 공씨이다.

⑥ 외족의 개성

淸代 滿洲族 八旗의 溫屯氏, 溫都氏 등은 모두 공씨를 성으로 취하였다.

군망(郡望) : 魯郡.

역사상 주요 인물

【孔丘】 춘추 대사상가, 공자.
【孔鮒】 진나라 박사.

【孔安國】 한나라 학자.
【孔光】 서한 대신.
【孔融】 동한말 학자, 문학가.
【孔穎達】 당대 학자.
【孔尙任】 청대 희곡작가.
【孔廣森】 청대 학자.

孔子(孔丘) 자는 仲尼(夢谷姚谷良그림)
"我非生而知者, 好古敏以求之者也"

026
曹(Cáo): 조

 중국 50大姓의 하나. 700여만 명(현재 중국 전체 인구의 약 0.57%). 주로 四川, 甘肅 및 中原 각지역에 널리 분포함.

[원류]

① 고양씨高陽氏에서 기원

황제 헌원씨의 후예이며 전욱 고양씨의 현손인 陸終의 다섯째 아들 安이 禹의 치수 사업에 공을 세워 曹姓을 하사받았다. 서주 초 周 武王이 그 후손을 邾(지금의 山東 鄒縣)에 봉하여 邾나라를 세웠다. 춘추시대 이 나라가 楚나라에게 망하자, 그 자손이 각지로 흩어져 살면서 일부는 曹姓을 이어갔고 일부는 나라 이름 邾에서 'ß'을 제하고 朱씨를 성씨로 하였다.

② 희성姬姓에서 기원

周 武王(姬發)이 殷나라 말왕 紂를 멸하고, 그 막내 동생 叔振鐸을 曹邑에 봉하여 曹나라를 세웠으며, 도읍을 陶丘(지금의 山東 定陶縣 서남)로 하였다. B.C.481년 이 나라가 宋에게 망하자 그 후손이 나라 이름을 성씨로 삼은 것이다.

③ 외족의 개성

　西域 '昭武九姓' 중에 조씨가 있으며 전국시대 후기 그 曹人의 후예가 서쪽 중앙아시아로 이주하여 당지 사람과 융합하여 성씨를 이루었다. 隋唐 때 이들이 중원 왕조의 부용국을 자처하며 중국에 들어와 정착하여 조씨 성을 그대로 유지하였다. 한편 금대 여진인 奧敦氏가 조성으로 바꾸었고, 西夏 党項族에 曹姓이 있다. 그리고 청대 滿洲族 八旗의 索佳氏, 索綽絡氏, 鄂托氏 등이 모두 조성을 성씨로 하였다.

　그 외 東漢 말 夏侯氏 역시 曹姓으로 바꾸었으며 바로 曹操가 그 예이다. 이 조조의 조씨가 뒤에 크게 발전하여 譙郡 조씨의 望族이 되었다. 이들은 하후씨를 시조로 받들어 구체적으로 夏禹 혹 夏侯佗를 조상으로 모신다.

　한편 한국에서는 이 '曹'자를 쓰지 아니하고 '曺'자를 만들어 한국 고유의 한자를 성씨에 사용하고 있다.

군망(郡望) : 譙郡・彭城・高平・鉅野郡.

역사상 주요 인물

【曹沫】 춘추 魯나라 명장.
【曹參】 서한초 승상.
【曹操】 삼국 魏나라 武帝, 시인.
【曹丕】 魏 文帝, 시인, 조조의 아들.
【曹植】 조비의 아우, 시인.
【曹不興】 삼국 東吳의 화가.
【曹仲達】 북조 齊나라 화가.
【曹鄴】 당대 시인.
【曹霸】 당대 화가.
【曹彬】 북송초 대장군.

曹操

【曹知白】 원대 화가.
【曹雪芹】 청대 소설가. 《紅樓夢》 저자.

027
嚴(Yán): 엄

嚴　주로 浙江, 四川 등지에 집중적으로 분포함.

원류

① 고대 엄嚴나라에서 기원

고대 嚴나라는 나라가 있어 그 국명을 성으로 한 것이다. 帝堯 때 嚴僖와 전국시대 韓나라 嚴遂 등이다.

② 미성芈姓에서 기원

춘추시대 庶孫은 성을 이을 수 없는 제도에 따라 楚(芈姓) 莊王의 서손이 '莊'을 성으로 하였다가 東漢 때 이르러 明帝의 이름 劉莊에서 이름을 피휘하고자 嚴으로 성을 바꾸었다. 그러다가 魏晉시대에 이르러 일부 엄씨들이 다시 본래의 성을 회복하여 莊씨로 하였다. 이에 嚴, 莊 두 성씨가 공존하게 되었다.

군망(郡望): 馮翊・天水・華陰郡.

역사상 주요 인물

【嚴彭祖】 서한 학자.
【嚴子陵】 동한초 명사.
【嚴武】 당대 절도사.
【嚴羽】 남송 문하가.
【嚴可均】 청대 학자.
【嚴復】 청말 학자.

028
華(Huà): 화

 주로 陝西, 上海, 吉林, 江蘇 등지에 집중적으로 분포함.

원류

① 사성姒姓에서 기원

고대 夏나라 왕 仲康이 西嶽 華山에 봉선을 할 때 그 직계 후손이 이에 참여하였다가 '華'자를 성씨로 삼았다.

② 자성子姓에서 기원

서주 초 商(殷, 子姓)나라 왕족의 微子 啓가 商丘(지금의 河南)에 봉해져 宋나라를 세웠다. 동주 초 宋 戴公의 아들 고보(考父)가 華(지금의 陝西 華陰)에 봉을 받아 그 자손들이 그 읍 이름을 성씨로 삼았으며 송나라 대족이 되었다. 《名賢氏族言行類稿》에 의하면 "華督·華元·華定·華亥, 幷爲宋卿"이라 하였다. 남북조 이후 華姓은 일부 花氏로 분화되었다.

③ 외족의 개성

청대 滿洲族 八旗의 황실 성씨인 愛新覺羅氏 豫親王의 후손들이 華자를 성씨로 하였으며, 시버족(錫伯族)의 華西哈爾氏도 뒤에 성씨를 華씨로 하였다.

군망(郡望) : 武陵郡.

역사상 주요 인물

【華佗】동한말 명의.
【華歆】삼국 위나라 대신.
【華嶠】서진 학자.
【華允誠】명대 禮部員外郎.
【華嵒】청대 화가.

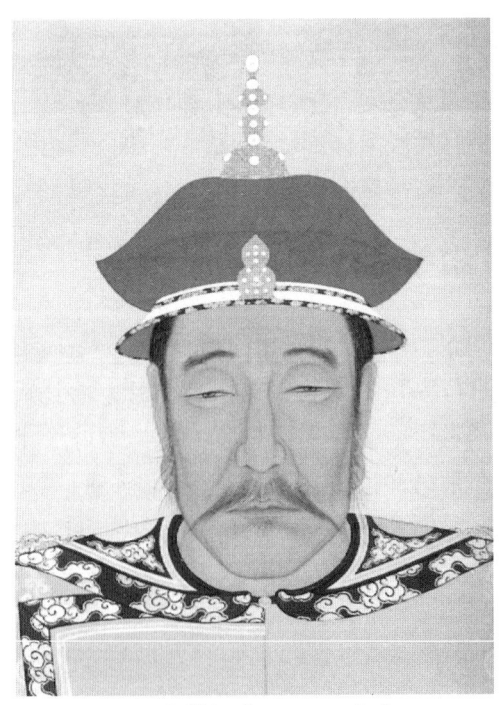

누르하치(清 태조 1559~1626)

029
金(Jīn): 김(금)

 중국 80大姓의 하나. 380여만 명(현재 중국 전체 인구의 약 0.32%). 주로 中原 각 지역과 江蘇, 浙江 등지에 분포함.

> 원류

① 금천씨金天氏에서 기원

黃帝의 아들 少昊의 이름이 摯이며 호는 靑陽氏, 己姓이었다. 소호가 황제의 뒤를 이어 五行 중 金으로 천하를 통치, 金德이 있었다 하여 그 때문에 金天氏라 부른 것이며, 성을 嬴姓으로 바꾸고 중원 夏華의 東夷 부락 영수가 되었다. 그 후손이 호를 성씨로 삼은 것이며 堯, 舜, 夏, 商을 거치면서 이 金氏는 제대로 세력을 떨치지 못하다가 전국시대 이후 드러나기 시작하였다.

② 희성姬姓에서 기원

서한 초 漢 高祖 劉邦이 項羽의 숙부 項伯에게 劉姓을 내려주었다. 項伯은 그 조상이 서주 초 姬姓의 항국이라는 제후국을 받았었다. 五代 때 그 항백의 자손이 吳越王 錢鏐의 鏐자를 피하고자 錢鏐의 이름에 모두 '金' 자가 들어 있는 것을 근거로 다시 金씨로 바꾸었다. 오월국이 망한 뒤 일부 金씨가 劉씨로 바꾸지 아니하고 그대로 사용하여 내려왔다.

③ 외족, 외성의 개성

서한 武帝 때 匈奴 休屠王의 太子가 漢나라에 귀순하자 휴도인은 구리로 동상을 만들어 제사를 지내는 풍습이 있다하여 무제가 그들에게 金성을 하사하고 김일제(金日磾)로 이름을 지어 주었다. 이 김일제가 車騎將軍에 올라 뒤에 霍光, 桑弘羊과 함께 국정을 보좌하게 되었다. 그 후대가 이 성을 그대로 이어 河南金氏, 京兆金氏, 安徽의 休寧金氏 등 望族이 되었다. 이에 따라 甘肅 隴西 休屠族들이 거의 金씨로 성을 삼기도 하였다.

한편 三國 東吳의 江西 山越族에 김씨 대족이 있었으며, 뒤에 安徽의 유명한 丹陽金氏 망족이 되었다.

東晉 말 陝西 楡林의 羌族에 역시 김씨 대성이 있었으며, 이들은 上郡 金氏의 대족이 되었다.

隋唐 때는 新羅 왕국 金氏가 여러 차례 중국에 왔으며 그들 일부가 中原에 그대로 남아 김씨의 또 다른 姓源이 되었다.

북송 때는 유태인 중에 河南 開封에 거주하던 6성 중의 하나가 김씨였다. 金나라 女眞族 完顔氏에 역시 일부가 김씨로 바꾸었으며, 청대 만주족 팔기의 金佳氏 전부와 愛新覺羅氏 일부가 김씨로 바꾸었다.

군망(郡望) : 彭城郡.

역사상 주요 인물

【金日磾】서한 명신.
【金忠儀】당대 화가.
【金履祥】원초 학자.
【金聖歎】명말청초 문학비평가.
【金農】청대 화가, 揚州八怪의 하나.
【金和】청대 시인.

〈黃帝〉明《歷代帝王名臣像冊》

030
魏(wèi): 위

> 魏 중국 50大姓의 하나. 500여만 명(현재 중국 전체 인구의 약 0.45%). 주로 甘肅, 四川, 河北 등지에 분포함.

[원류]

① 외성隗姓에서 기원

夏商 시기 西北 隗姓 鬼方의 한 지파로써 魏地(지금의 陝西 興平縣 서쪽 馬嵬坡)에서 활동하던 부락이 발전하여 위국이 되었다. 상말 주 문왕이 이 외성의 위국을 멸하자, 그 자손들이 나라 이름을 성씨로 삼은 것이다. 지 지파의 위씨는 뒤에 소멸하여 역사에 더 나타나지 않고 있다.

② 희성姬姓에서 기원

商末 周 文王이 그 동성 족인을 고대 魏國의 옛 땅에 봉하여 姬姓 魏國이 건국되었다. 武王 때 그 아우 公子 高를 畢 땅에 봉하여 畢公高라 불렀다. 그 후손 畢萬이 춘추시대 晉나라 六卿의 하나가 되어 晉 獻公으로부터 魏城(지금의 山西 芮城縣 동북)을 봉지로 받았다. 그 뒤 후손 畢斯가 자립하여 제후가 되어 魏文侯라 불렀다. 이 때 魏나라는 趙, 韓과 더불어 晉나라를 삼분, 戰國七雄의 하나가 된다. B.C.225년 이 위나라가 秦始皇의 천하통일 때 망하자, 그 족인이 河北, 山西 등 각지에 흩어지면서 나라 이름을 성씨로 삼게 되었다.

③ 미성芈姓에서 기원

전국시대 秦나라 대신 魏冉은 秦 昭王 어머니 宣太后의 아우였으며 芈姓이었다. 공을 세워 穰(지금의 河南 鄧州市)에 봉해져 穰侯라 불렀다. 그 후손이 그 이름을 취하여 魏씨를 성씨로 삼았다.

④ 외족의 개성

北朝 西魏 때 氏族으로써 성을 魏씨로 바꾼 자가 있었으며, 清代 滿洲族 八旗의 倭徹赫氏가 집단적으로 성을 위씨로 바꾸었다.

군망(郡望) : 鉅鹿·任城郡.

역사상 주요 인물

【魏絳】 춘추 晉나라 대부.
【魏斯】 전국 魏文侯.
【魏無忌】 戰國四公子의 하나, 信陵君.
【魏冉】 전국 秦나라 승상.
【魏豹】 서한초 魏王.
【魏相】 서한 대신.
【魏伯陽】 동한 煉丹術 도사.
【魏延】 삼국 蜀漢 대장.
【魏收】 북조 北齊의 사학가.
【魏徵】 당초 명신.
【魏野】 북송 시인.
【魏了翁】 남송 학자.
【魏源】 청대 학자.

031
陶(Táo): 도

 지금 중국 현대에 비교적 수가 많은 대성의 하나이며, 주로 長江 하류 지역에 집중적으로 분포함.

(원류)

① 帝堯 陶唐氏에서 기원

帝堯가 처음 唐 땅에 봉해졌다가 이후 陶(지금의 山東 定陶縣 서북쪽 陶丘) 땅으로 옮겨 봉해져 그 때문에 도당씨, 혹은 도씨로 칭해지게 되었다. 陶唐氏는 도기를 제작하는 데 뛰어난 소문이 널리 퍼졌으며, 그 때문에 후손들이 도씨로 성을 삼게 된 것이다. 商나라 말기에 '殷民七族' 중 도씨는 당시 도자기 제조 기술과 冶金 등에 종사하던 이들이었다.

② 有虞氏에서 기원

일찍이 大禹가 帝舜의 후손을 찾아 虞 땅에 봉하여 有虞氏라 하였다. 西周 초기, 虞舜의 후예인 虞思가 陶正(陶器 등을 제작하는 관리)의 벼슬에 올랐으며 그 후손이 조부의 직업을 계승하여 여전히 도정의 일을 계속, 결국 도씨로 성을 삼은 것이다. 이 도씨가 끼친 영향이 컸기 때문에, 뒤에 도씨 門中의 定宗으로 인정받고 있다.

③ 외성의 개성

　　五代 後晉의 太祖 石敬瑭의 이름을 피휘하기 위하여, 조서를 내려 瑭과 같은 음의 성인 唐氏 성을 陶氏로 바꾸도록 하였다. 후진이 망한 뒤 일부 이 陶씨성을 받은 사람들은 조상들의 성으로 복귀하지 않고 그대로 사용 하였다.

군망(郡望) : 濟陽郡.

역사상 주요 인물

【陶孤】 춘추시대 晉나라 대부.
【陶謙】 동한말 徐州牧.
【陶侃】 동진 대신.
【陶潛】 도연명, 동진 시인.
【陶弘景】 남조 隱士.
【陶穀】 북송초 翰林學士.
【陶宗儀】 원말 학자.
【陶澍】 청대 학자.

陶淵明《三才圖會》

〈堯임금〉宋 馬麟(畫)

032
姜(Jiāng): 강

> 중국 성씨 중에 가장 오래된 성의 하나이며 역시 외족의 융합이 가장 많은 성씨이기도 함. 중국 80大姓의 하나이며 450여만 명 (현재 중국 전체 인구의 약 0.37%). 중국 각지에 널리 분포함.

(원류)

① 神農氏에서 기원

炎帝 神農氏가 陝西 岐山의 서쪽 姜水(渭河의 支流) 물가에서 태어나 그 때문에 강씨라 하였다. 帝堯시대의 四岳과 共工은 모두가 炎帝의 후예들이다. 炎帝의 후손인 伯益이 大禹의 치수를 도와 공을 세워, 呂 땅에 봉해지면서 동시에 姜씨성을 하사받아 炎帝의 제사를 모시게 되었다. 商나라 말기, 呂나라 사람인 呂尙도 姜尙으로 불리며, 자는 子牙로써 周 武王을 도와 商나라를 멸한 공으로 齊 땅으로 봉해져 제나라를 세웠다. 西周 때에 炎帝로부터 시작된 강씨성의 후예들은 齊, 呂, 許, 申, 紀 등의 십여 나라가 있었으며 그 중 齊나라가 가장 강성하였다. 전국 중기, 강씨의 제나라가 전씨에게 넘어가자, 그 자손들이 사방으로 흩어지면서 일부 사람들은 나라 이름을 취하여 제씨라 하기도 하였고, 일부는 어떤 사람들은 강씨로 칭하였다.

② 외족의 개성

南朝 梁나라 때 武興 姜氏는 氐族의 大姓이었고, 北魏의 雍州 蜀族 중에도 강씨성이 있었다. 그리고 北宋 때 吐谷渾部의 羌族에도 강씨가 있었

으며, 淸나라 滿洲族 八旗 중 姜佳氏의 전부와 章佳氏의 일부가 집단적으로 강씨로 고쳤다.

군망(郡望) : 天水·廣漢郡.

역사상 주요 인물

【姜尙】 서주초 대신 강태공, 呂尙.
【姜維】 삼국 촉한의 대장.
【姜公輔】 당대 재상.
【姜夔】 남송 詞人.
【姜才】 남송말 명장.
【姜宬英】 청대 문학가.

033
戚(Qi): 척

戚 주로 遼寧, 上海, 陝西 등지에 집중 분포함.

원류

⓪ 姬姓에서 기원하였다. 西周 初 周 武王이 그 아우 康叔을 衛에 봉하였다. 그런데 춘추시대 衛 武公의 아들 公子 惠孫의 후예 중에 손림보(孫林父)가 있어 衛 獻公의 上卿이 되었으며 衛 殤公 때 戚(지금의 河南 濮陽市 戚城)에 봉을 받았다. 그 支孫 子戀이 戚城에 거하여 드디어 그 봉읍을 성씨로 삼은 것이다.

군망(郡望): 東海郡.

역사상 주요 인물

【戚袞】 남조 陳나라 학자.
【戚同文】 북송 시인.
【戚繼光】 명대 장수.
【戚學標】 청대 학자.

034
謝(xiè): 사

> 謝 중국 30大姓의 하나. 870여만 명(현재 중국 전체 인구의 약 0.72%). 주로 江西, 湖南 등지에 분포함.

원류

① 임성任姓에서 기원

黃帝 때 이미 12개의 중요 姓이 있었는데 任성이 그 중 하나였으며, 謝姓은 바로 이 임씨로부터 분리되었다. 謝(지금의 河南 唐河縣 서북)나라는 夏, 商, 周의 세 왕조를 거쳐 西周 宣王 때 멸망하자, 그 자손들은 나라 이름을 성으로 삼은 것이다.

② 강성姜姓에서 기원

西周 宣王이 謝나라를 멸망시키고 나서, 그 곳에 그 외삼촌이며 炎帝의 후손인 申伯을 봉하여 謝城을 申나라 都城으로 하였다. 기원전 688년 楚 文王이 申나라를 멸망시키고 謝邑을 병탄하자, 申伯의 후예들이 자신들이 거주했던 고을 이름을 성으로 삼은 것이니 이들이 바로 강씨에서 근원을 둔 사씨이다. 이들 강성의 사씨는 현대 사씨 중 가장 주된 성분이다.

군망(郡望) : 陳留・會稽郡.

역사상 주요 인물

【謝夷吾】 동한 鉅鹿太守.
【謝安】 동진 명상.
【謝玄・謝石】 동진 명장.
【謝靈運・謝惠連】 남조 宋 시인.
【謝莊】 남조 宋 문학가.
【謝朓】 남조 齊 시인.
【謝良佐】 북송말 이학자.
【謝翱】 남송말 시인.
【謝遷】 명대 사학가.
【謝榛】 명대 문학가.

謝靈運《三才圖會》

035
鄒(zōu): 추

| 鄒 | 중국 100大姓의 하나. 400여만 명(현재 중국 전체 인구의 약 0.33%). 주로 四川, 江西 일대에 분포함. |

원류

① 요성姚姓에서 기원

舜임금이 姚墟라는 곳에서 태어나 姚姓을 얻게 되었다. 姚舜의 후예로 鄒國(지금의 山東 鄒城市 동남 古 邾城)이 있어 商나라 제후국이었다. 춘추시대 이 鄒國이 曹姓의 邾人에게 빼앗기자, 추나라 사람들이 북쪽 지금의 山東 鄒平縣 남쪽으로 이주하였다가 다시 齊나라에 의해 망하고 말았다. 그 후손이 옛 나라 이름을 성씨로 삼은 것이다.

② 조성曹姓에서 기원

전욱 고양씨의 후예 陸終의 다섯째 아들 安은 曹姓으로 서주 초 그 후예 曹挾이 邾(지금의 山東 曲阜市 동남)에 봉해졌으며, 邾婁國이라고도 불러 魯나라의 부용국이 되었다. 춘추시대 이 邾나라가 남쪽 繹(지금의 山東 鄒城市 동남)으로 옮겨 국호를 鄒國이라고도 하였다. 전국시대에 이르러 邾國이 楚나라에게 멸망하자 그 족인이 나라 이름을 성씨로 삼아 鄒와 邾 두 성씨가 나타나게 된 것이다. 邾는 뒤에 'ß'자를 제외하고 朱로 성씨를 표기하였다. 이 때문에 지금 山東 鄒城市의 鄒성과 朱성은 동성으로 보고 있다.

③ 자성子姓에서 기원

　서주 초 周 武王이 商(子姓)나라 왕족 微子 啓를 宋나라에 봉하였다. 춘추시대 그 후손 정고보(正考父)가 鄒 땅을 식읍으로 받았으며 이 鄒자를 혹 추(陬, 지금의 山東 曲阜市 동남)자로도 표기하며 그 자손이 이 읍 이름을 성씨로 삼게 되었다. 정고보는 孔子의 6대 선조로 지금 河南 商丘市 일대의 鄒姓은 공자와 同宗으로 여기고 있다.

군망(郡望) : 范陽郡.

역사상 주요 인물

【鄒忌】 전국 齊나라 재상.
【鄒衍】 전국 제나라 사상가.
【鄒陽】 서한 문학가.
【鄒元標】 명대 명신.
【鄒一桂】 청대 화가.

〈舜임금〉

036
喩(Yù): 유

 주로 四川, 湖北, 江西, 貴州 등지에 분포함.

원류

① 희성姬姓에서 기원

周나라 왕실의 귀족 중 渝彌가 주 桓王 때 鄭나라 司徒가 되었고, 여기에서 성씨가 분화되어 渝자를 성씨로 삼았으며, 이 渝자를 諭로도 표기하였다. 그런데 西漢 때 蒼梧 太守 諭猛이 漢 景帝의 황후인 阿渝의 이름을 피휘하고자 글자를 喩자로 바꾸었다. 그러나 그 후손 중에 다시 諭자로 회복한 이도 있으니 이를테면 東晉 때 曲阜令을 지낸 諭歸는 바로 諭猛(喩猛)의 후손이다. 그러나 諭歸를 喩歸로 바꾼 이후 '諭'자를 성으로 표기하는 예는 더 이상 없게 되었다.

② 외성의 개성

《通志》氏族略에 喩성의 한 갈래는 芈姓에서 나왔다고 하면서 "楚公子食采於南陽俞豆亭, 因爲氏"라 하였다. 이 俞豆氏가 뒤에 글자를 俞氏 성이 되었으며 이들은 뒤에 喩氏성에 융합되었다. 喩씨성의 또 다른 갈래는 俞성으로 바뀌었다. 즉《宋史》儒林傳과《姓苑》의 기록에 의하면, 南宋 建炎 때 進士 俞樗는 박학다재하고, 지식인의 안목이 있어 高宗이 그 뜻에 맞추기 위하여 兪자를 喩(총명하고 똑똑하다의 뜻)자로 바꾸어 성씨를 삼도록 하였다고 한다.

군망(郡望) : 江夏·豫章郡.

역사상 주요 인물

【喩猛】 서한 蒼梧太守.
【喩歸】 동진 명사.
【喩汝勵】 북송말 명신.
【喩樗】 남송초 명신.
【喩國人】 청대 학자.

037
柏(Bǎi): 백

柏 주로 湖南, 山東, 安徽 등지에 분포함.

[원류]

① 고대 백국柏國에서 기원

상고시대 동방 柏皇氏 부족의 수령으로 이름이 芝가 있었으며, 이 柏皇氏 부족은 잣나무(柏樹)를 토템으로 삼고 있어 그 때문에 柏芝라 불렀다. 이 柏芝가 일찍이 伏羲氏의 신하가 되어, 柏皇山(지금의 河南 陳留縣)에 살았으며 그 후손이 柏을 성씨로 삼은 것이다. 黃帝의 신하 柏高가 柏國(柏子國, 지금의 河南 西平縣 柏亭 일대)을 세워 임금이 되었다. 이 柏國은 夏, 商, 周 등 여러 왕조를 거치다가, 춘추시대 楚나라에게 망하자 그 후손들이 나라 이름을 성으로 삼았다.

② 영성嬴姓에서 기원

《史記》秦本紀에 의하면, 堯임금은 신하 大費가 명을 받아 "舜을 도와 조수를 길들이니 조수가 모두 따랐다. 이가 바로 柏翳였으며 순이 그에게 嬴姓을 하사하였다"(佐舜, 調訓鳥獸, 鳥獸多訓服, 是爲柏翳, 舜賜嬴姓) 하였는데 그 한 지파의 후손이 바로 柏을 성으로 삼은 것이다.

③ 柏氏와 伯氏

柏姓은 고대 伯姓으로도 표기하였다.

군망(郡望) : 濟陰·魏郡.

역사상 주요 인물

【柏英】 서한 大鴻臚.
【柏良器】 당대 平原王.
【柏叢桂】 명대 水利家.
【柏古】 청대 화가.
【柏盟鷗】 청대 여류화가.

038
水(shuǐ): 수

水 주로 浙江省에 많으며 그 중 특히 湖州, 杭州 일대에 널리 분포함.

원류

① 지명에서 기원

《姓苑》에 의하면 水姓은 "當指水爲姓, 如河氏, 淮氏, 湖氏之類"라 하여 물 이름을 성씨로 한 것으로 되어 있다. 혹은 물가에 살던 사람들이 스스로 水丘氏라 하였는데 뒤에 줄여서 水氏라 한 것이라 보고 있다. 이를테면 漢代 司隷校尉 중에 水丘岑이 있으며 五代에 吳越國에 水丘昭券 등의 이름이 이것이다.

② 관직 명칭에서 기원

고대 水官을 두어 호수와 소택을 관리하도록 하였다. 그 후손이 조상의 관직을 성으로 삼은 것이다.

③ 사성賜姓에서 기원

禹(姒姓)임금의 庶孫 중 會稽(지금의 浙江 紹興)에 머물러 살던 이들이 水氏로 성을 삼았다.

군망(郡望) : 吳興郡.

역사상 주요 인물

【水甦民】명초 邵武縣의 知縣.
【水鄕謨】명대 寧國縣의 지현.
【水思中】명대 화가.

039
竇(Dòu): 두

 주로 江蘇 등지에 분포함.

(원류)

① 사성姒姓에서 기원

고대 夏王 相이 유궁씨 부락의 공격을 받아 죽게 되자 그 妃가 성벽의 구멍, 즉 竇를 통해 빠져나가 살아남게 되었다. 그리하여 친정 족속인 有仍氏 부락으로 피신하여 유복자 少康을 낳았으며 소강은 다시 杼와 龍 이라는 이름의 두 아들을 낳게 되었다. 뒤에 소강이 하나라를 중흥하여 왕위에 오르게 되었고 龍은 원래 살던 有仍氏 부락에 남아 그 어머니가 성벽 담장 구멍을 통해 살아남았다는 것을 기려 竇氏로 성을 삼았다.

② 외족의 개성

고대 氏族의 王으로 竇茂가 있었다 이 저족의 두씨는 지금 陝西와 甘肅, 四川 등지에 널리 퍼져 있다.

③ 北朝 後魏 鮮卑族의 개성.

북조 후위 선비족에 沒鹿回氏와 紇豆陵氏가 집단적으로 성을 竇씨로 바꾸어 後魏 때부터 唐에 이르기까지 河南의 望族으로 세를 떨치기도 하였다.

군망(郡望) : 扶風郡.

역사상 주요 인물

【竇嬰】 서한 승상.
【竇融】 동한초 대신.
【竇建德】 수말 농민군 수령.
【竇儀】 북송초 대신.
【竇黙】 원대 명의.

040
章(zhāng): 장

 주로 浙江, 湖北, 江西 등지에 집성촌을 이루고 있음.

원류

① 강성姜姓에서 기원

염제의 후예 姜子牙(姜太公 呂尙)가 周 武王을 도와 殷을 멸한 뒤 齊나라를 봉을 받아 시조가 되었다. 그 후손이 鄣(지금의 山東 章丘縣)을 분봉하여 鄣國을 세운 다음 紀國의 부용국이 되었다. 춘추시대에 이르러 鄣國이 齊나라에게 합병되자 그 자손들이 나라 이름에서 'ß'방을 제외하고 '章'자를 써서 성으로 삼은 것이다.

② 희성姬姓에서 기원

황제의 25명 아들 중에 任姓을 얻은 자가 있었는데 그 임성이 다시 10개 성으로 분화되면서 그 가운데 章姓이 있었다.

③ 외족의 개성

淸代 滿洲族 八旗 중에 章佳氏는 모두 이 章氏로 개성하였다.

군망(郡望) : 河間·豫章郡.

역사상 주요 인물

【章邯】 秦나라 장수.
【章昭達】 남조 대장군.
【章碣】 당대 시인.
【章惇】 북송 승상.
【章生一】 남송 陶藝家.
【章學誠】 청대 학자.
【章谷】 청대 書畫家.

041
雲(Yún): 운

 주로 사천, 운남 등지에 집성촌을 이루고 있음.

원류

① 祝融氏의 후예에서 기원

《路史》에 의하면 顓頊의 후예 축융씨의 후손이 邳羅에 봉을 받아 妘子라 하였다. 그 후손들이 妘을 성씨로 하였다가 뒤에 다시 분화되어 有雲氏로 하였다가 줄여서 雲氏라 하였다.

② 雲姓과 云姓

고대 雲성과 云성은 전혀 다른 성씨이다. 《姓譜》에 의하면 축융씨의 후예가 邳國을 세웠으나 춘추시대에 楚나라에게 망하고 말았다. 그러자 그 자손들이 나라 이름을 성씨로 하면서 'ß'부를 제하였다 西漢 말 中郎諫 大夫 云敞이 그 예이다. 한편 北朝 後魏 때 有連氏와 悉云氏 및 鮮卑族의 是云氏, 牒云氏 등이 있었는데 이들 모두 云姓으로 개성하였다. 그 뒤 云성이 雲성에 합하여 하나의 성이 되어 그 때문에 隋唐 이후 雲성은 있으나 云성은 거의 보이지 않게 되었던 것이다.

군망(郡望) : 琅琊郡.

역사상 주요 인물

【雲敞】云敞: 서한말 대신.
【雲定興】수나라 左屯衛大將軍.
【雲朝霞】당대 教坊副使.
【雲景龍】남송 知慈州知州.
【雲從龍】원대 行省參政.

042
蘇(sū): 소

 중국 50大姓의 하나. 560여만 명(현재 중국 전체 인구의 약 0.47%). 주로 廣東, 廣西와 華北 전지역에 널리 분포함.

[원류]

① 기성己姓에서 기원

전욱 고양씨의 후손 陸終에게 여섯 아들이 있었는데 그 장자가 昆吾(지금의 山東 運城市 동남 安邑鎭)에 살면서 강대한 곤오 부락으로 성장하여 昆吾氏라 하였으며 己姓이었다. 夏나라 중기 곤오씨의 후예가 有蘇(지금의 河南 輝縣 서쪽의 蘇嶺)에 봉해져 有蘇氏라 불렸다. 상나라 말 소국이 멸망하자 이들이 소씨를 성씨로 삼았다. 이들 중 다른 한 지파는 동쪽 姑蘇(지금의 江蘇 蘇州市)로 이주하였고, 하나는 북쪽 鄴 서쪽의 蘇城(지금의 河北 臨漳縣 서쪽)으로 이주하였다. 서주 초 북상하던 蘇人이 더욱 북쪽으로 옮겨 襄國의 蘇人亭(지금의 河北 邢臺市 서남)으로 갔다가 다시 完縣(지금의 河南 安國市 서남)의 蘇 땅으로 옮겼다. 한편 원래 蘇嶺에 남아 있던 소인들은 周나라에 귀순하여 그 수령이었던 蘇忿生이 司寇의 벼슬을 받아 蘇 땅에 봉해져 도읍을 溫(지금의 河南 溫縣 서남)으로 나라를 세웠다. 춘추시대 이르러 이 蘇國이 狄人에게 멸망하자 그 후대들이 나라 이름을 성씨로 삼아 소씨가 되었으며 소분생을 시조로 여기고 있다. 소성의 다른 한 지파는 남쪽 湖南 梅山 일대로 내려가 梅山蠻이 되었으며, 宋나라 초 더욱 남천, 그곳 토착민과 혼합하여 瑤族의 선민이 되었다. 그리고 나머지 대부분은 지금 湖南, 廣東, 廣西의 蘇姓 漢族이 되었다.

② 외족의 개성

漢晉시대 遼東 烏桓族에 蘇姓이 있었으며, 北朝 後魏 鮮卑族 拔略氏가 소성으로 개성하였다. 그 외 西夏 党項族에 소성이 있었으며, 金代 女眞族에도 소성이 있었다. 한편 淸代 滿洲族 八旗의 伊拉哩氏, 蘇佳氏, 蘇都哩氏, 蘇爾佳氏 등이 집단적으로 성을 蘇氏로 바꾸었다.

군망(郡望) : 武功郡.

역사상 주요 인물

【蘇秦】 전국 종횡가.
【蘇武】 서한 명장.
【蘇章】 동한 冀州刺史.
【蘇蕙】 동진 여류시인.
【蘇綽】 북조 西魏 대신.
【蘇威】 수나라 대신.
【蘇定方】 당나라 장군.
【蘇頲】 당대 시인.
【蘇舜欽】 북송 시인.
【蘇頌】 북송 승상, 학자.
【蘇洵·蘇軾·蘇轍】 송대 유명 문학가 삼부자. 모두 唐宋八大家.
【蘇漢臣】 남송 화가.
【蘇天爵】 원대 명신.

蘇軾(1037~1101)

043
潘(Pān): 반

 중국 60大姓의 하나. 490여만 명(현재 중국 전체 인구의 약 0.41%). 주로 海南, 廣東, 江蘇 등지에 널리 분포함.

원류

① 요성姚姓에서 기원

舜임금은 姚姓으로 潘(지금의 北京市 延慶縣 동북)에 도읍하였다. 뒤에 순 부락이 다시 潘地(지금의 陝西 興平縣 북쪽)로 이주하여 그 후손이 商나라 때 潘子國(子는 公侯伯子男의 작위)을 건립하게 되었다. 상나라 말기 이 반자국이 周 文王에게 멸망하자 그 후손들이 나라 이름을 성씨로 삼은 것이다. 이 요성의 潘나라는 워낙 작고 힘이 없어 그 뒤 기록에 나타나지 않고 姬姓의 潘人에게 묻혀 버리고 말았다.

② 희성姬姓에서 기원

周 文王이 반자국을 멸한 뒤 그 아들 畢公高의 막내 季孫을 그 땅에 봉하여 姬姓 潘國이 건국되었다. 뒤에 이 반인은 여러 차례 이주를 거듭하여 楚나라 영토 潘鄕(지금의 河南 固始縣)에 머물게 되었다. 춘추시대 이 나라가 초나라에 멸망하자 그 후손이 나라 이름을 성씨로 삼게 된 것이다.

③ 미성芈姓에서 기원

楚(芈姓)나라 공족 潘嵩(潘은 字였음)이 楚 成王의 태자 商臣의 師傅가 되었다. 그 후손이 조상의 자를 취하여 성씨로 삼게 된 것이며 반숭을 시조로 받든다. 이 芈姓 반씨가 오늘날 반씨의 가장 큰 구성부분이다.

④ 외족의 개성

北朝 後魏 鮮卑族의 潘破多羅氏가 뒤에 潘姓으로 바꾸었으며, 청대 滿洲族 八旗 중에도 반씨가 있었다. 고대 남방 민족 중에 東漢 五溪蠻, 삼국시대 江南의 山越族, 五代 때 漵州蠻, 宋代 撫水蠻 중에 역시 반성이 있었다. 그 중 일부는 오늘의 僮族, 瑤族, 苗族, 水族, 土家族 등의 先民이 되었으며 그 외 대부분은 남방 漢族에 융합되었다.

군망(郡望) : 滎陽郡.

역사상 주요 인물

【潘岳·潘尼】 서진 문학가.
【潘美】 북송초 대장.
【潘之恆】 명대 시인.
【潘檉章】 청초 사학가.
【潘耒】 청대 학자.
【潘德輿】 청대 시인.
【潘鼎新】 청말 淮軍 名將.

044
葛(Gě): 갈

> 葛 주로 江蘇, 浙江 등지에 집중적으로 분포함.

원류

① 영성嬴姓에서 기원

고대 歌舞에 뛰어난 부락으로 지금 하남 동부 지역에서 활동하던 葛天氏가 있었다. 후대에 이르러 그 지역을 葛이라 불렀으며 그 일부 후예들이 땅이름을 성으로 삼은 것이다. 夏나라 때 嬴씨성의 제후로써 葛(지금의 河南 長葛縣 일대)나라 임금 葛伯이 바로 이 葛天氏의 후예로 알려지고 있다. 《孟子》滕文公篇에 "탕이 박 땅에 거하였으며 갈나라 임금과 이웃이었다" (湯居亳, 與葛伯爲鄰) 하였다. 뒤에 이 갈나라가 商나라에게 멸망하자 그 후손 중 일부가 나라 이름을 성씨로 삼은 것이다.

② 홍성洪姓에서 기원

《姓氏考略》에 의하면, 東漢 초 洪浦廬가 光武帝를 도와 개국에 큰공을 세워 下邳 僮縣侯에 봉해졌다. 그러자 洪浦廬는 봉지를 아우에게 양보하고, 자신은 무리를 이끌고 남쪽 장강을 건너 江南 句容(지금의 江蘇)에 정착하였다. 洪浦廬는 葛廬로도 불렸다. 이에 그 후손들이 따라 葛을 성으로 삼았으며 이들이 바로 吳中葛氏가 된 것이다.

③ 외족의 개성

北魏 鮮卑族의 賀葛氏가 中原으로 진출하면서 葛씨성으로 바꾸었다.

군망(郡望) : 梁郡.

역사상 주요 인물

【葛嬰】 서한 명장.
【葛玄】 삼국 東吳 도사.
【葛洪】 동진 학자.
【葛仲勝】 북송 사인.
【葛乾孫】 원대 名醫.
【葛林】 명대 명의.
【葛雲飛】 청말 抗英 명장.

045
奚(xī): 해

 주로 上海, 江蘇, 安徽, 浙江 등지에 분포함.

원류

① 임성任姓에서 기원

黃帝의 25명 아들 중에 任姓을 얻은 자가 있었으며, 그 후손 任仲이 夏나라 때 車正(수레를 제작하고 관리하는 직책)에 봉해져 그 공으로 奚(지금의 河北 承德市)를 채읍으로 받아 奚仲이라 하였다. 그 후손들이 邳(지금의 江蘇 邳州市)로 이주하면서 조상의 옛 봉읍을 성으로 삼은 것이다.

② 외족의 개성

남북조시대 鮮卑族의 拓跋氏와 達奚氏, 그리고 烏桓族의 薄奚氏 등이 뒤에 모두 낱자의 奚氏성으로 바꾸었다.

군망(郡望) : 譙郡・北海郡.

역사상 주요 인물

【奚涓】 서한초 명장.
【奚斤】 북조 後魏 대장.
【奚廷珪】 오대 먹 제조의 明匠.
【奚岡】 청대 서화가.
【奚疑】 청대 시인, 화가.

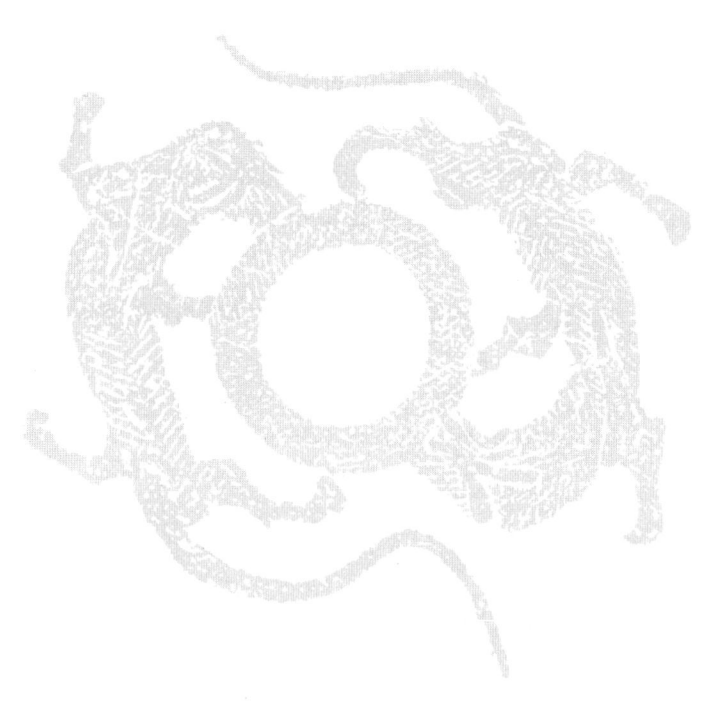

046
范(Fàn): 범

范 중국 100大姓의 하나. 430여만 명(현재 중국 전체 인구의 약 0.36%). 주로 河南에 많이 분포함.

[원류]

① 기성祁姓에서 기원

帝堯 陶唐氏 祁姓의 후손 劉累의 후예로써, 周 成王 초에 杜(지금의 陝西 長安 동북)에 봉해져 唐杜氏라 불렸다. 그 뒤 周 宣王 때 대부 부백이 무고하게 피살되자, 그 자손들이 晉나라로 도망하여 士卿(법관)이 되어 그 자손들이 성을 '士'씨로 바꾸었다. 그 후손 士會가 전공을 세워 范(지금의 河南 范縣 동쪽) 땅을 식읍으로 받아 范會로 불렸으며, 그 후손들이 지명을 성씨로 삼은 것이다.

② 외성, 외족의 개성

원래 고대 '氾'씨였으나 뒤에 '艹'를 더하여 '范'씨가 된 것이며, 그 외 金나라 女眞族 孛魯尤氏, 청대 滿洲族 八旗의 范佳氏, 博都里氏 등이 집단적으로 范氏로 성을 바꾸었다.

군망(郡望) : 高平郡.

역사상 주요 인물

【范蠡】 춘추 越나라 대부.
【范雎】 전국 秦나라 상국.
【范增】 서한 項羽의 모신.
【范滂】 동한 명사.
【范曄】 남조 송 사학가. 《後漢書》 편찬.
【范縝】 남조 齊梁사이 학자, 사상가.
【范仲淹】 북송 명신, 문학가.
【范成大】 남송 시인.
【范文程】 청대 대신.
【范西屛】 청대 바둑 국수.

范仲淹(989~1052)

女眞人(《職貢圖》)

047
彭(Péng): 팽

彭 중국 50大姓의 하나. 600여만 명(현재 중국 전체 인구의 약 0.49%). 주로 長江 중류와 상류 지역에 널리 분포함.

(원류)

① 고양씨高陽氏의 후예

전욱 고양씨의 후손 陸終의 셋째 아들 이름이 전갱(籛鏗)으로 북을 만드는 기술이 있었다. 그 북소리가 펑펑(彭彭) 울려 팽성을 얻게 되었다. 夏殷시대 그 후예가 彭國(지금의 河南 原陽縣)을 세워 이를 彭伯이라 하였다. 은나라 중기 팽백이 동쪽 彭山(지금의 山東 寧濟市)으로 옮겼다가 다시 彭城(지금의 江蘇 徐州市)에 이르러 大彭國을 세웠다. 이 대팽국이 商나라 武丁에게 망하자 그 지손 서손이 나라 이름을 성씨로 삼은 것이다.

이 대팽국이 멸망하고 나서 그 유민이 넷으로 흩어졌다. 첫째 팽성에서 남하하여 歷陽(지금의 安徽 和縣)을 거쳐 長江을 건너 彭蠡(彭蠡湖, 鄱陽湖의 옛 이름) 및 贛江 상류의 桃江에 이르렀다. 그곳에서 그들은 원주민 산양족에 유입되고 말았다. 둘째 지파는 歷陽으로부터 동쪽으로 이동하여 지금의 浙江 臨安縣 동남의 大滌山 天柱峰 아래에 이르렀다. 세 번째 지파는 서남쪽으로 河南 서부 魯山縣 동남에 이르러 楚나라 백성이 되었다. 네 번째 지파는 서쪽 陝西로 들어가 그 일부는 陝西 白水縣 彭衙堡의 羌戎族 戱部族과 혼합하여 彭戱族이 되었으며 나머지는 계속 서진하여 甘肅 慶陽縣 戱班의 彭原에 이르렀다. 周나라가 殷을 멸한 뒤 주 무왕을 따라 동정한 이 彭原의 팽인들은 다시 남쪽으로 漢水를 건너 湖北 남쪽에 이르러 그곳 원주민들과 혼합하여 土家族 팽씨의 先民이 되었다. 그리고 팽원에 남아있던 이들은 뒤에 秦嶺을 넘어 陝西 石泉縣 彭溪와 四川 彭州로 들어갔다가 남쪽으로 다시 彭山縣에 이르렀다. 전국시대 이후 남천했던 팽인들은 그곳 원주민들에게 부단히 융합되어 남방 소수 민족의 구성 성분이 되었고 漢唐 이후로는 점차 다시 한화되어 한족으로 변화하였다. 長江 중상류의 四川, 湖北, 湖南, 江西 일대 팽성은 이들의 이민이거나 융합된 종족들이라 할 수 있다.

군망(郡望) : 宜春·隴西郡.

역사상 주요 인물

【彭越】 서한초 대장.
【彭宣】 서한 大司空.
【彭堅】 당대 화가.
【彭汝礪】 북송 명신.
【彭百川】 남송 학자.
【彭春】 청대 명장.
【彭蘊章】 청대 명신.
【彭兆蓀】 청대 시인.
【彭玉麟】 청말 淮軍 명장.

048
郎(Láng): 랑

郎 주로 四川, 貴州 등지에 분포함.

원류

① 희성姬姓에서 기원

周나라 때 魯(姬姓) 懿公의 손자 費伯이 명을 받들고 郎邑(지금의 山東 魚臺縣 동북, 혹 曲阜市 근처라고도 함)을 지키고 있었다. 그 자손이 그곳에서 번성하여 그 지명을 성으로 삼았으며 비백을 시조로 모시고 있다. 뒤에 이들은 魏州와 中山으로 나뉘어 이주하여 그곳의 望族이 되었다.

② 漢代 南匈奴에 역시 郎姓이 있었으며 지금의 소수민족 중에 滿州族, 回族, 布依族, 阿昌族, 納西族, 蒙古族 등에도 이 娘氏가 있다.

군망(郡望) : 中山郡.

> 역사상 주요 인물

【郎顗】 동한 학자.
【郎基】 북조 齊나라 명장.
【郎茂】 수대 尙書右丞.
【郎士元】 당대 시인.
【郎瑛】 명대 학자.
【郎廷極】 청대 漕運總督.

049
魯(Lǔ): 로

 주로 山東, 安徽 등지에 집중적으로 분포함.

원류

① 희성姬姓에서 기원

서주 초 周 武王이 아우 周公 旦(姬旦)을 曲阜(山東 曲阜市)에 봉하여 그 지명인 魯나라라 하였다. 주공이 주 成王을 도우면서 아들 伯禽을 보내어 다스리도록 하였다. 魯나라는 西周 때 중요한 제후국의 하나였으나 전국시대 楚나라에게 망하여 마지막 임금 頃公이 下邑(지금의 河南 夏邑縣)으로 옮기자 그 유민들이 자신의 나라 이름을 성씨로 삼고 伯禽을 시조로 모시게 되었다.

② 외족의 개성

東晉 烏桓族에 魯姓이 있었고, 金나라 女眞族의 孛朮魯氏, 元代의 蒙古族의 博爾齊錦氏, 淸代 滿洲族의 八旗의 秦楚魯氏, 博都里氏, 佤族의 木伊庫氏, 白族의 臘波氏, 土家族의 魯力卡巴氏 등이 모두 魯氏로 개성하였다.

군망(郡望): 扶風郡.

역사상 주요 인물

【魯班】춘추 魯나라 명장 公輸班.
【魯仲連】전국 齊나라 고사.
【魯恭】동한 司徒.
【魯丕】동한 학자.
【魯肅】삼국 東吳 대장.
【魯伯能】송대 학자.
【魯超】청대 廣東布政使.

050
韋(Wéi): 위

韋 주로 廣西 지역에 집중적으로 분포함.

(원류)

① 高陽氏에서 기원

夏나라 임금 少康 때 고대 顓頊 高陽氏의 후예 大彭氏國의 서손 元哲이 豕韋(지금의 河南 滑縣 동남)에 봉을 받아 豕韋氏라 불렸다. 상나라 초 이 시위국이 탕에게 멸망하자 국인이 사방으로 분산되면서 나라 이름을 성으로 삼아 韋氏가 되었다. 그 중 한 지파는 동쪽 山東, 江淮 지역으로 이주하였고, 일부는 한나라 초기 京兆 杜陵으로 들어와 세력을 키워 발전하였다.

② 외성, 외족의 개성

韓성에서 성을 바꾼 예로 서한 초기 개국공신 韓信이 漢 高祖 劉邦의 미움을 받아 피살되자 그 자손이 남쪽 廣東, 廣西 지역으로 이동하여 본성이 '韓'자의 반쪽만 취하여 '韋'씨로 하였다. 이들 위씨는 남방에서 세력을 키워 크게 발전하였다. 다음으로 桓성에서 위씨로 바꾼 예로는 唐 中宗의 韋氏 皇后가 실권을 쥐고 신하들에게 자신의 성씨를 하사하였다. 그 때 桓彦範이 공이 있어 위씨로 성을 받아 바뀌었으며 그 후손이 그대로 사용하였다. 외족으로써 성을 취한 경우는 《漢書》 西域傳에 의하면 疏勒國(지금의 新疆 喀什(카쓰)시 남쪽에 있던 나라)에 韋氏 성이 있었으며 지금 서남 지역 소수

민족 중 僮族, 黎族, 苗族, 水族, 侗族, 景頗族 등에 모두 위씨가 있다. 그 중 僮族에는 이 위씨가 大姓의 하나이다.

군망(郡望) : 京兆郡.

역사상 주요 인물

【韋玄成】 서한 승상.
【韋賢】 서한 학자.
【韋昭】 삼국 학자.
【韋處厚】 당대 명상.
【韋應物】 당대 시인.
【韋莊】 당말 詞人.
【韋昌輝】 청대 太平天國 北王.

〈西域回疆圖〉 玉門關 서쪽 新疆 개설을 그린 것

051
昌(Chāng): 창

 주로 四川 등지에 분포하고 있음.

원류

① 인명에서 기원

黃帝의 아들 昌意가 四川 若水에 거하면서 蜀山氏의 딸을 아내로 맞아 顓頊을 낳았다. 뒤에 전욱이 帝丘(지금의 河南 濮陽)에 도읍을 정하여 高陽氏라 불렀다. 고양씨의 支孫이 조부 昌意의 이름을 취하여 성씨로 삼은 것이다.

② 임성任姓에서 기원

黃帝의 25명 아들 중에 하나가 任姓을 얻었으며 그 지파가 다시 분화하여 昌氏 성을 갖게 되었다.

군망(郡望): 汝南·東海郡.

역사상 주요 인물

【昌義之】남조 北徐州刺史.
【昌永】송대 명사.

052
馬(Mǎ): 마

> 馬 중국 20大姓의 하나. 1,260여만 명(현재 중국 전체 인구의 약 1%). 주로 黃河 연안과 東北 지역에 널리 분포함.

[원류]

① 영성嬴姓에서 기원

趙氏에서 분화되었다. 고대 소호 금천씨의 후예 伯益이 禹의 치수사업에 공을 세워 嬴姓을 얻었다. 서주 초 백익의 후손 조보(趙父)가 공을 세워 趙城에 봉해져 그 후손이 趙氏가 되었으며 그 후손이 전국시대 戰國七雄의 하나가 되었다. 전국시대 조나라 장수 趙奢가 秦나라를 물리쳐 공을 세우고 馬服(지금의 河北 邯鄲市 서북)에 봉해져 馬服君이라 불렀다. 그 지손 서손이 馬服을 성으로 하였다가 줄여서 馬氏라 하였으며 趙奢를 시조로 모신다.

② 외성, 외족이 개성

당송 때 서역 및 중동 이슬람교를 믿는 回回人들이 실크로드를 따라 중국에 교역을 왔다가 중국식 성을 취하였는데 그들은 많은 이들이 馬姓을 선호하였다. 이들이 중국에 잔류하면서 주로 황하 연안과 장강 남북에 거주하며 지금 중국 回族의 가장 중요한 대성이 되었다. 한편 元나라 蒙古 汪古部 사람 月乃和는 그 조상이 金나라 때 馬步指揮使를 역임하여 조상의 관직을 성으로 삼아 마성이 되었다. 또 西夏 党項族에 馬姓이 있었고, 清代

遼寧에 거주하던 韓民族에도 마성이 있었으며, 청대 만주족 팔기 중 費莫氏 와 馬佳氏 등이 집단적으로 마씨 성을 취하였다. 이들은 북방 마씨의 가장 큰 족원이다. 동남 연해의 마씨 중에는 이민족이 들어와 이룩된 예가 많다. 즉 明淸 때 해상무역을 담당하던 중동 이슬람교도 回族이다. 그밖에 五代 이후 司馬氏가 일부 馬姓으로 개성하였다.

군망(郡望) : 扶風郡.

역사상 주요 인물

【馬援】 동한 명장.
【馬融】 동한 학자.
【馬超】 삼국 촉한 대장.
【馬良】 삼국 촉한 명사.
【馬周】 당대 명신.
【馬燧】 당대 명장.
【馬遠】 남송 화가.
【馬端臨】 원초 사학가.
【馬致遠】 원대 희곡작가.
【馬歡】 명대 航海家.
【馬驌】 청대 학자.
【馬曰璐】 청대 시인.

053
苗(Miáo): 묘

| 苗 | 주로 山東, 甘肅, 河南 등지에 집성촌을 이루고 있음. |

[원류]

① 미성芈姓에서 기원

춘추 시대 楚(芈姓)나라의 공족 대부 白棼이 권력투쟁에 실패하여 죽음을 당하자, 그 아들 賁皇이 晉나라로 도망하였다. 뒤에 晉나라와 楚나라의 鄢陵大戰에서 분황이 晉나라 임금에게 묘책을 일러주어 초나라가 대패하고 말았다. 이 공으로 분황이 苗(지금의 河南 濟源市 서남 苗亭) 땅을 식읍으로 받아 苗賁皇이라 불렸다. 이에 그 후손들이 그 지명을 성씨로 삼은 것이며 묘분황을 시조로 모신다.

② 인명에서 기원

상고시대 명의 묘보(苗父)가 있어 묘성을 삼았다. 그러나 이는 후세의 견강부회로 신빙성이 약하다고 여기고 있다.

③ 외족의 묘성

　지금 滿族, 彛族, 畲族, 回族, 蒙古族, 朝鮮族, 東鄉族, 위구르족 등에도 苗姓이 있으며, 라후(拉祜)족의 黑苦聰人 阿沙普氏도 漢族式 성으로 쓸 때 苗氏로 자칭하고 있다.

군망(郡望) : 東陽郡.

역사상 주요 인물

【苗浦】한대　長水校尉.
【苗晉卿】당대　재상.
【苗守信】북송　殿中少監.
【苗好謙】원대　농학자.
【苗夔】청대　학자.

054
鳳(Fèng): 봉

 주로 江南 일대와 河北, 北京 등지에 집중적으로 분포함.

원류

① 鳳鳥氏에서 기원

봉황새는 상고시대 少昊 부락의 토템이었다. 《左傳》에 소호씨는 "새 이름으로써 관직 명칭을 삼다"(以鳥命官)라 하였으며 당시 鳳鳥氏가 있었다. 高辛氏 시대에 이 봉조씨는 曆正(역법과 절기를 관장하던 관직)이 되었으며, 그 후손이 드디어 조상의 관직 이름을 따서 鳳씨를 성으로 삼은 것이다.

② 몽씨蒙氏에서 기원

唐나라 때 雲南 大理國 南詔 국왕 후손들이다. 남조 국왕은 본래 蒙씨였다. 남조 왕족 전통이 作名法에 저장자의 이름 앞 글자는 그 아버지의 이름 맨 마지막의 한 글자와 반드시 겹쳐야 했다. 이를테면 국왕 尋羅閣의 아들은 閣羅鳳이며, 閣羅鳳의 아들은 鳳迦異, 鳳迦異의 아들은 異牟尋 등으로 이어지는 예이다. 그리고 그 나머지 자식들은 아버지의 이름 첫 글자를 성씨로 삼도록 하는 제도이다. 이에 따라 鳳迦異의 둘째 아들이 바로 鳳을 성으로 삼은 것이다. 《唐書》에는 滇(雲南)·黔(貴州) 지역 많은 사람들이 鳳 성을 사용한다고 하였는데 이는 모두 鳳迦異 둘째 아들의 후손들이다.

군망(郡望) : 平陽郡.

역사상 주요 인물

【鳳綱】 한대 명의.
【鳳翕如】 명대 衡州知府.
【鳳全】 청말 駐티베트大臣.

055
花(Huā): 화

花 주로 遼寧省 등지에 분포함.

(원류)

① 화성華姓에서 기원

이 花姓은 남북조 이후에 비로소 나타난 성씨로써, 고대 '花'자는 없었고 '華'자가 이를 대신하여 글씨의 변화에 따라 표기가 달라진 것이다. 淸 段玉裁의 《說文解字注》에 "花字, 起於北朝, 前此書中花字, 出於後人所改"라 하였다. 남북조 때 〈木蘭辭〉로 유명한 여주인공 花木蘭이 있었으나 正史에서 花姓의 인명이 최초로 나타나는 것은 唐代로써 倉部員外郞 花季睦과 成都府 牙將 花敬正 등이 있다.

② 개성

金代 范用吉이 花姓으로 바꾸어 그 후손들이 이를 이어갔으며 원대 몽고인 孛朮魯氏와 伯顔氏 등도 역시 花姓으로 개성하여 또 다른 원류를 가지고 있다.

군망(郡望) : 東平郡.

역사상 주요 인물

【花季睦】당대 倉部員外郎.
【花敬定】당대 장수.
【花雲】명초 장수.
【花茂】명초 廣州都指揮使.
【花潤生】명대 시인.

056
方(Fāng): 방

 중국 80大姓의 하나. 430여만 명(현재 중국 전체 인구의 약 0.36%). 安徽, 河南, 遼東蟠桃 등지에 주로 분포함.

원류

① 신농씨에서 기원

神農氏의 후손 楡罔이 나라를 다스릴 때 국력이 쇠퇴하자 蚩尤가 난을 일으켰다. 그러자 제후들이 모두 黃帝에게 의탁하였고 유망의 아들 雷가 황제를 도와 치우의 난을 평정한 공로로 方山(지금의 河南 嵩山)에 봉해졌다. 그 때문에 方雷氏라 불렸으며 그 방뢰씨의 후예가 나라 이름을 성으로 삼은 것이다. 그 뒤 이들은 方씨와 雷씨로 나뉘었으며 夏商시대에 이르러 제대로 세력을 펴지 못하다가 周 宣王 때 대부 方叔이 北狄과 南蠻을 정벌한 공을 세워 이름이 드날리게 되었다.

② 그 외 원류가 다른 방씨들

南朝 梁나라 山越族 중에 方氏가 있었으며, 청대 貴州 貴陽과 雲南 元江 지역에 역시 방씨가 있었다. 그런가 하면 淸代 滿洲族 八旗 方佳氏가 瀋陽에 거주하면서 집단적으로 方姓으로 개성하였다.

군망(郡望) : 河南郡.

역사상 주요 인물

【方廷範】당대 上柱國.
【方干】당대 시인.
【方鳳】남송 시인.
【方回】원초 문학비평가.
【方從義】원대 화가.
【方孝孺】명대 학자.
【方以智】청초 학자.
【方苞】청대 문학가.
【方伯謙】청말 海軍將令.

치우(蚩尤) 漢 畫像石

057
俞(Yú): 유

 주로 皖(安徽), 浙(浙江), 蘇(江蘇) 등지에 분포함.

원류

⓪ 고대 醫業에 종사하던 집안 직업에서 유래되었다. 고대 黃帝 때 천하 명으로 알려진 俞跗라는 자가 있어 외과 수술에 정통하여 흔히 "割皮解肌, 洗滌五臟"이라 하였다. 아울러 그는 황제의 《素問》을 주석한 것으로도 알려져 있다. 고대 유(俞)자는 수(腧)자와 상통하여 사람의 穴道를 일컫는 말로써 《靈樞經》에 "脈之所注爲俞"라 하였다. 俞跗의 이름도 여기에서 유래된 것이며 그 후손들이 醫業을 이어가면서 이 '俞'자를 성씨로 삼은 것이다.

군망(郡望) : 河間郡.

역사상 주요 인물

【俞縱】晉代 명장.
【俞文俊】당대 명사.
【俞澂】송대 화가.

【兪琰】 송말원초 학자.
【兪大猷】 명대 장수.
【兪綱】 명대 대신.
【兪宗禮】 청대 화가.
【兪樾】 청말 학자.

058
任(Rén): 임

> 任 중국 80大姓의 하나. 450여만 명(현재 중국 전체 인구의 약 0.38%). 주로 華北 지역과 遼寧 일대에 분포함.

[원류]

① 희성姬姓에서 기원

황제 헌원씨의 막내아들 禹陽(禺陽)이 任(지금의 河北 任丘縣 서북) 땅을 봉지로 받았다가 다시 지금의 山東 濟寧市 동남쪽으로 이주하여 任國을 세웠다. 그리하여 우양의 적계 적손만은 任을 성으로 삼고, 지손 서손은 각기 적손의 성을 계속 이어갈 수 없던 당시 제도에 따라 자신들의 봉지를 성씨로 삼아 謝, 章, 薛, 舒, 呂, 祝, 終, 泉, 畢, 過 등 10개 성씨로 분화되었다.

② 풍성風姓에서 기원

태호 복희씨는 풍성으로 그 후손은 夏나라 때 유잉씨(有仍氏)라 불렸다. 하나라 임금 少康이 유잉씨 부락(지금의 山東 濟寧市 동남쪽)에서 출생하였다. 다시 商나라 때 이 유잉씨는 임씨로 불렸으며 西周 때까지도 풍성의 이 임국은 여전히 존속하여 周 桓王 때 대부 잉숙은 바로 그 후손이다. 그 때문에 仍叔을 任叔이라고도 표기하는 것이다. 전국시대 이르러 이 임국이 齊나라에게 망하자 그 족인이 각지로 흩어지면서 任氏를 성으로 한 것이다.

③ 외성, 외족의 개성

원나라 때 山東行省平章事였던 王信은 그 아들이 王宣이었는데 변란을 피하고자 가족을 이끌고 江蘇 興化로 이주하면서 '王'자에 'イ'을 더하여 임성으로 고쳤으며 그 후손이 그대로 이어갔다. 또 四川 西昌 지역 수만이 (萬蠻夷) 추장의 임성이 동한 때 북쪽 成都로 이주하였다가 唐代 초기 사천 북부 平武 지역과 甘肅 남쪽 隴西 일대 큰 씨족으로 발전하였다. 뒤에 이들은 모두 漢化하였으며 서부 임성의 가장 큰 구성 요소가 되었다.

군망(郡望) : 樂安郡.

역사상 주요 인물

【任鄙】전국 秦나라 力士.
【任光】동한 명장.
【任峻】삼국 魏 中郞將.
【任昉】남조 문학가.
【任雅相】당대 재상.
【任從】송대 화가.
【任康民】원대 화가.
【任環】명대 倭寇 퇴치 명장.
【任大椿】청대 학자.
【任熊·任頤】청말 화가.

059
袁(Yuán): 원

 중국 10大姓의 하나. 650여만 명(현재 중국 전체 인구의 약 0.54%). 주로 四川, 華北 지역과 江南 일대에 분포함.

[원류]

① 규성嬀姓에서 기원

주 무왕이 상나라를 멸한 후, 순임금의 후예인 嬀滿을 陳(지금의 河南 淮陽市 東南) 땅에 봉하여 그를 胡公滿이라 불렀다. 陳나라는 周나라 12 諸侯 중 하나였다. 胡公의 여러 예손들 중 字가 伯爰인 자가 있었으며, 伯爰의 손자인 濤塗는 齊 桓公의 會盟을 순종하여 夏陽을 하사받았으며, 그 후손들이 조부의 字를 성으로 삼은 것이다. 爰濤塗는 달리 轅濤塗라고도 표기하였다. 고대 袁, 爰, 轅 세 글자는 통용하였다. 그 때문에 袁씨는 혹 爰씨로, 또는 轅씨로도 표기한다.

② 외족의 개성

동한 말 유명한 巴蜀의 巴人 板楯蠻에 杜, 朴, 袁의 세 개 성의 夷王들이 있었다. 이들이 삼국 魏나라에 의해 三巴(巴郡, 巴東, 巴西) 태수에 봉해졌다. 뒤에 그 백성들이 關中·隴西 지역으로 옮겨 점차적으로 한족으로 융화되어 갔다. 그 때문에 서부의 袁씨들과 巴 사람들은 밀접한 근원관계를 가진 것으로 여기고 있다.

군망(郡望) : 汝南・陳郡.

역사상 주요 인물

【袁盎】 서한 명신.
【袁安】 동한 楚郡太守.
【袁紹】 동한 司隷校尉.
【袁宏】 동진 사학가, 문학가.
【袁山松】 남조 宋 사학가.
【袁樞】 남송 사학가.
【袁桷】 원대 문학가.
【袁宗道・袁宏道・袁中道】 명대 문학가.
【袁崇煥】 명말 장수.
【袁枚】 청대 시인.
【袁江】 청대 화가.

060
柳(Liǔ): 류

柳 주로 山東, 四川, 湖北, 湖南 등지에 분포함.

원류

① 희성姬姓에서 기원

춘추시대 魯나라 孝公은 아들 姬展을 낳았고, 展의 손자로 無駭가 있었는데, 무해가 그 조부의 이름 展을 성으로 삼아 전씨가 되었다. 展無駭의 아들 展禽은 자가 季로써 노나라 士師(형벌과 옥살이를 관장하던 관리)에 임명되어, 柳下(지금의 河南 濮陽市 柳下屯)를 식읍으로 받았다. 이가 바로 柳下季라 불리는 인물이었다. 그는 "坐懷不亂"(앉아서도 난이 없기를 생각함)의 덕이 있다 하여 시호를 '惠'라 칭하여 柳下惠로도 불렸다. 일설에는 展禽이 柳 땅에 봉해지자 집에 버드나무를 심고 은혜와 덕을 베풀어 사람들이 그를 柳下惠로 불렀다고도 한다. 이에 그 자손들이 柳자를 성씨로 삼은 것이며 노나라가 망한 이후, 이들은 남쪽 초나라로 옮겨 관리가 되었다. 秦나라가 천하를 통일한 후, 柳씨들은 다시금 河東이 解縣(지금의 山西)으로 옮겨 살았고, 그 곳에서 望族이 되어 이들을 河東柳氏라 칭하게 되었다.

② 미성芈姓에서 기원

전설에는 楚나라 懷王의 손자인 心이, 秦漢 교체기에 義帝로 옹립되어 柳 땅을 도읍으로 삼았다. 뒤에 의제가 西楚霸王 項羽에게 죽음을 당하자,

그 자손들이 화를 피하고자 柳씨를 성으로 삼았다고 한다. 그러나 이 柳씨들은 잠적하여 뒤에 어떻게 되었는지 알 수 없으며, 柳下惠의 후손 유씨들과는 비교가 되지 않게 되었다.

군망(郡望) : 河東郡.

역사상 주요 인물

【柳莊】춘추 衛나라 대신.
【柳敏】북조 北周 대장.
【柳彧】수나라 명신.
【柳公權】당대 대신, 서예가.
【柳宗元】당대 문장가. 唐宋八大家의 하나.
【柳永】북송 詞人.
【柳敬亭】명대 배우.
【柳如是】명대 女流詞人.

061
酆(Fēng): 풍

 주로 陝西, 四川 등지에 분포함.

원류

① 희성姬姓에서 기원

서주 초 周 무왕이 17번째 아우를 酆邑(지금의 陝西 戶縣)에 봉하여 酆侯라 불렀다. 成王 때 이 풍후가 강등되자 그 후인들이 각지에 흩어지면서 나라 이름을 성으로 삼은 것이다.

② 酆姓과 豐姓은 음이 같으나 같은 성은 아니다. 酆은 나라 이름을 성으로 삼은 것이며, 豐은 조상의 자를 이름을 성으로 삼은 것이다. 豐姓을 참조할 것.

군망(郡望) : 京兆郡.

> 역사상 주요 인물

【鄭舒】춘추 潞國 大夫.
【鄭去奢】북송 도사.
【鄭伸之】남송 진사.
【鄭熙】명대 2등 급제.

062
鮑(Bào): 포

 주로 靑海, 江蘇, 山東, 湖北, 浙江 등지에 분포함.

원류

① 사성姒姓에서 기원

夏나라 禹임금의 후손 敬叔이 춘추시대 齊나라에서 대부의 직위에 올라 鮑邑(지금의 山東 歷城縣 동쪽)을 채읍으로 받아 鮑敬叔이라 칭하였다. 그 아들 鮑叔牙는 管仲과 함께 齊 桓公을 도와 패업을 달성하여 포숙아의 후손이 대대로 제나라 경으로 세습하였다. 전국시대 제나라가 田氏에 의해 왕위가 바뀌어 田氏齊가 되자 포숙아의 자손들이 다른 곳으로 흩어져 살면서 포씨를 성씨로 이어갔다.

② 외족의 개성과 소수 민족의 鮑氏

北朝 後魏 鮮卑族의 俟力伐氏가 中原으로 들어와 포씨로 개성하였다. 한편 지금의 滿族, 佤族, 回族, 蒙古族, 景頗族 등에 역시 포씨성이 있다.

군망(郡望) : 上黨・泰山・東海郡.

【역사상 주요 인물】

【鮑宣】 한대 諫議大夫.
【鮑永】 한대 司隷校尉.
【鮑照】 남조 송 시인.
【鮑令暉】 남조 송 문학가.
【鮑同仁】 원대 명의.
【鮑皐】 청대 시인.
【鮑詩】 청대 여류화가.

063
史(shi): 사

 중국 100大姓의 하나. 300여만 명(현재 중국 전체 인구의 약 0.25%). 주로 山東 지역에 집중적으로 분포함.

(원류)

① 관직 이름에서 기원

첫째, 문자를 처음 만들었다는 倉頡(창힐)이 黃帝의 史官이 되어 史皇氏라고도 불려졌는데, 그 후손이 이 관직명을 성씨로 삼아 史씨가 되었다. 《路史》와 《元和姓纂》에 의하면, 周나라 史籀과 漢나라 史高는 모두 이 창힐의 후손이라 하였다. 둘째, 서주 초기 사관 佚(혹은 逸)은 천자의 언행을 기록하여 임금을 위해 비망록을 준비하는 일을 맡았다. 史佚은 엄정하게 일을 처리하여 주나라 太史직을 종신토록 맡았으며, 후세 사관들은 그를 사관의 모범으로 추앙하여 姜太公, 周公, 召公과 '四聖'으로 불렀다. 이에 그 자손들이 관직명을 성으로 삼아 史氏가 되었다. 또 춘추시대 晉나라의 史黯, 秦나라의 史顆, 衛나라의 史狗, 史鰌 등이 있었는데 그 후손들이 모두 史씨를 성으로 삼았다.

창힐(倉頡)

② 외족의 개성

　隋唐시기 서역의 史(지금의 우즈베키스탄 사마르칸트 남쪽)나라 사람들이 중원으로 옮겨와 거주한 이들로써 자신들의 고국 史씨를 성으로 삼은 사람이 있었다. 그리고 당나라 때 突厥 부락의 阿史那氏族이 중원으로 들어오면서 성을 사씨로 하였다.

군망(郡望) : 京兆郡.

역사상 주요 인물

【史游】 서한 학자.
【史高】 사한 大司馬.
【史崇】 동한 溧陽侯.
【史雄】 북조 周나라 명장.
【史大奈】 당대 명장.
【史浩】 남송 재상.
【史彌遠】 남송 재상.
【史達祖】 남송 詞人.
【史天澤】 원대 대장.
【史可法】 명말 抗淸 장수.
【史大成】 청대 명신.

064
唐(Táng): 당

唐 중국 30大姓의 하나. 780여만 명(현재 중국 전체 인구의 약 0.65%). 주로 四川, 湖南, 貴州 등지에 분포함.

원류

① 기성祁姓에서 기원

堯임금은 祁씨 성으로 이름은 陶唐氏였다. 순임금 때 그 요임금의 아들 丹朱를 唐(지금의 山西 翼城縣 서쪽)에 봉하여 唐侯라 불렀다. 夏나라 때 丹朱의 후손 劉累가 魯山(지금의 河南 서쪽)으로 옮겼다. 西周 초기, 翼城에 잔류하던 唐侯가 반란을 일으켰다가 周 成王에 의해 멸망하자, 그 자손들이 나라 이름을 성으로 삼았던 것이다. 뒤에 周나라에 이르러 요임금의 제사를 지내기 위하여 노산에 있던 劉累의 후손을 찾아 당후에 봉하였다. 이들 후손들 역시 唐을 성으로 삼았으며, 역사에서는 이들을 '豫唐'이라 칭한다.

② 희성姬姓에서 기원

周 成王이 翼城의 唐나라를 멸망시킨 후, 그 아우 叔虞를 그 땅에 봉하고 侯로 삼아 역사에서는 그를 唐叔虞라 칭한다. 뒤에 唐叔虞는 다시 봉지를 바꾸어 晉侯로 봉해졌고, 그의 서출 자손들이 唐을 성으로 삼았는데, 이들이 姬姓唐氏로써 '晉唐'으로도 불렸다. 唐叔虞의 다른 후손 섭보(燮父)가 별도로 새로운 唐(지금의 湖北 隨州市 西北 唐縣鎭) 땅에 봉해졌다. 춘추시대

이 당나라가 楚나라에 의해 멸망하자 그 후손들이 나라 이름으로 성씨를 삼았다. 역사에서는 그들을 '楚唐'이라고 부른다.

③ 외족의 개성

東漢 때, 南蠻 白狼部와 삼국시대 서북 隴西 지방의 羌族, 그리고 元나라 때 西域에서 건너온 귀화인들 중 대부분의 사람들이 唐씨 성을 가지고 있었다. 또 淸나라 八旗의 塔塔喇氏, 唐古氏, 唐尼氏, 唐佳氏 등의 씨족이 집단으로 모두 唐姓으로 개성하였다.

군망(郡望) : 太原郡.

역사상 주요 인물

【唐雎】전국 魏나라 대부.
【唐眛】전국 楚나라 명장.
【唐蒙】서한 中郎將.
【唐儉】당초 명장.
【唐休璟】당대 재상.
【唐彦謙】당대 시인.
【唐寅】명대 화가.
【唐英】청대 서화가.
【唐景崧】청대 臺灣巡撫使.

065
費(Fèi): 비

 주로 河北, 上海, 江蘇, 安徽, 湖北 등 아주 광범위하게 분포함.

[원류]

◎ 이 성씨는 과거 중국 음으로 'Fèi'와 'Bì' 두 가지로 구분되었다. 전자는 嬴姓, 姒姓, 芈姓, 외족이 개성 등 네 가지 갈래가 있으며, 후자는 姬姓에서 발원하였다. 그러나 시간이 흐름에 따라 지금은 두 성이 혼합하여 전자의 발음으로 통일되었다.

① 영성嬴姓에서 기원

'Fèi'로 읽으며 顓頊 고양씨의 후손 伯益이 大費(지금의 山東 魚臺縣 서남)를 봉지로 받아, 그 서자 若木이 서자는 적손의 성씨를 이을 수 없어 동지로 성을 삼은 것이며 이것이 嬴姓 費氏이다. 商末 紂王의 충신 費仲이 바로 이 약목의 후손이다.

② 사성姒姓에서 기원

'Fèi'로 읽으며 夏나라 禹王의 자손 중에 費國에 봉을 받은 자가 있어, 그 후손이 나라 이름을 성씨로 삼은 것이며 이것이 姒姓 費氏이다.

③ 미성芈姓에서 기원

'Fèi'로 읽으며 춘추 楚(芈姓)나라 귀족으로 대부 費無極이라는 자가 있어 역시 그 후손이 이를 성씨로 삼았다.

④ 외족의 개성

北朝 後魏 鮮卑族의 費連氏가 費씨로 성을 취하였으며, 淸代 滿洲族 八旗의 費佳氏 역시 費씨로 성을 삼았다. 모두 'Fèi'로 읽는다.

⑤ 희성姬姓에서 기원

'Bì'로 읽으며 춘추시대 魯(姬姓)나라 莊公이 죽어 그 아우 季友가 장공의 아들 子班을 임금으로 삼았다. 그러자 대부 경보(慶父)가 불만을 품고 난을 일으켜 자반을 죽이고 말았다. 계우는 陳나라로 망명하여 진나라를 돕다가 귀국하여 실권을 되찾고 자반의 아들 申을 왕위에 올려 이가 魯僖公이 되었다. 희공은 계우에게 감사 표시로 費(지금의 山東 魚臺縣 서북) 땅을 봉지로 주었다. 계우의 후손이 이에 그 봉지를 성씨로 삼은 것이다.

군망(郡望) : 江夏郡.

역사상 주요 인물

【費直】 서한 학자.
【費長房】 동한 方士.
【費禕】 삼국 蜀漢 尙書令.
【費信】 명대 航海家.
【費伯雄】 청대 명의.

費長房

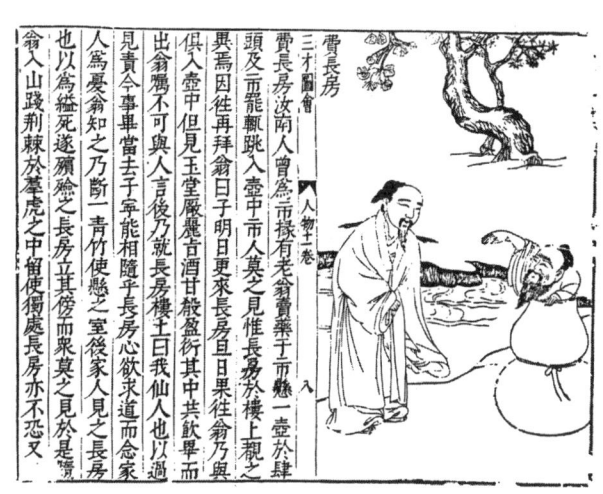

費長房汝南人曾為市掾有老翁賣藥於市懸一壺於肆頭及三罷輒跳入壺中市人莫之見惟長房於樓上覩之異焉因往再拜翁曰子明日更來長房旦日果往翁乃與俱入壺中但見玉堂嚴麗旨酒甘殽盈衍其中共飲畢而出翁囑不可與人言後乃就長房樓上曰我仙人也以過見責今事畢當去千年能相隨乎長房心欲求道而念家人責翁知之乃斷一青竹使懸之室後家人見之長房也以為縊死遂殯斂之長房立其傍而眾莫之見於是遂翁入山踐荊棘於羣虎之中留使獨處長房亦不恐又

費長房《三才圖會》

066
廉(Lián): 렴

 주로 河南 등지에 집중적으로 분포함.

[원류]

① 高陽氏에서 기원

고대 顓頊 고양씨의 증손이 太廉이었는데 그 이름 첫 자가 성씨가 된 것이다.

② 외족의 개성

元나라 때 위구르(畏吾兒, 維吾爾, 回鶻)족 중에 布魯海牙라는 자가 원나라에 귀순하여 肅政廉訪使라는 벼슬을 얻었는데 그 벼슬 이름을 줄여 흔히 廉使라 불렀다. 그가 마침 벼슬을 제수받는 날 아들을 낳았는데 그 관직 이름을 아들의 성씨로 삼아 '廉希憲'이라 하였다. 이에 그 자손들이 그 성씨를 이어받아 내려온 것이다.

[군망(郡望)]: 河東郡.

> 역사상 주요 인물

【廉潔】춘추 衛나라 賢士, 공자제자.
【廉頗】전국 趙나라 명장.
【廉范】동한 雲中太守.
【廉布】송대 화가.
【廉希憲】元나라 대신.

067
岑(cén): 잠

 주로 安徽, 廣東, 廣西 등지에 분포함.

원류

① 姬姓에서 기원

周 文王(姬昌)의 아우 姬耀의 아들로써 渠(姬渠)가 있었다. 周 武王(姬發) 때 이가 岑(지금의 陝西 韓城縣 岑亭)에 봉해져서 子爵의 작위를 받나 '岑子'라 하였다. 그 후손이 나라 이름으로 성을 삼은 것이다.

② 남방의 方俚蠻에서 기원

고대 南越의 俚人들 중에 흔히 '岑'성을 가진 자가 많았다. 이들은 岑子(姬渠)와는 근원이 다른 성씨이다.

군망(郡望): 南陽郡.

역사상 주요 인물

【岑彭】 동한 대장군.
【岑之敬】 남조 陳 문학가.
【岑文本】 당대 재상.
【岑參】 당대 시인.
【岑安卿】 원대 명사.
【岑用賓】 명대 南京戶部給事中.

068
薛(Xuē): 설

薛 중국 80大姓의 하나. 500여만 명(현재 중국 전체 인구의 약 0.24%). 주로 陝西, 山西 등지에 집중적으로 분포함.

원류

① 임성任姓에서 기원

黃帝의 아들인 禹陽이 任씨 성을 얻은 것으로 알려져 있으며, 우양의 후손 奚仲이 하나라 우왕의 車正을 맡아, 薛(지금의 山東 滕州 西南) 땅에 봉해졌다. 이 薛나라가 夏, 商, 周 삼대를 거쳐 전국 중기 齊나라에게 멸망하자, 공자 登이 楚나라로 도망하였다. 楚 懷王이 그를 沛池(지금의 安徽 宿州市 서북)를 食邑으로 하사하자, 공자 등은 沛 땅에 자신이 데려온 薛나라 사람들을 정착시키면서 옛날 나라 이름을 성으로 삼아 薛씨가 되었다.

② 규성嬀姓에서 기원

전국시대 齊나라 공자 田嬰이 宰相이 되어 옛 설나라 땅이었던 곳을 봉지로 받아 薛公이 되었으며, 그의 아들 田文도 세습하여 戰國四公子의 하나인 孟嘗君이 되었다. 진나라가 六國을 멸하여 천하통일을 이룬 후, 田文의 후손들은 식읍을 잃고 사방으로 흩어졌다. 그 한 갈래는 남쪽 竹邑(지금의 安徽 宿州 西北)으로 옮겨가 任姓薛氏와 함께 살면서 본래 식읍이었던 지명을 취하여 薛姓으로 고쳤다.

③ 외족의 개성

서한시대, 四川지방의 蜀族의 큰 부락으로 薛部落이 있었고, 이들이 뒤에 河東 汾陰(山西 萬榮縣 西南)으로 옮겨 살아 東晉 말에는 이미 河東薛氏로 이름을 떨쳤다. 한편 北朝 後魏의 鮮卑 高車族의 叱干氏가 집단적으로 설씨로 개성하여 河南薛氏를 형성하였다. 西夏 黨項(탕구트)族의 薛姓은 뒤에 서북지역 설성의 望族이 되었다.

군망(郡望) : 河東郡.

역사상 주요 인물

【薛倪】전국 楚나라 令尹.
【薛綜】삼국 東吳 명사.
【薛道衡】수대 시인.
【薛仁貴】당대 장수.
【薛濤】당대 여류시인.
【薛居正】북송초 재상.
【薛季宣】남송 학자.
【薛瑄】명대 학자.
【薛雪】청대 명의.

069
雷(Léi): 뢰

> 雷 중국 100大姓의 하나. 270여만 명(현재 중국 전체 인구의 약 0.23%). 주로 四川, 湖北, 陝西 등지에 널리 분포함.

(원류)

① 신농씨神農氏에서 기원

炎帝 신농씨의 후손 楡罔의 아들 雷가 黃帝의 蚩尤 정벌에 공을 세워 方山(지금의 河南 嵩山)에 봉해져 方雷氏라 불렀다. 방뢰씨는 황제의 중요한 제후국으로, 방뢰씨의 후손이 나라 이름을 성으로 삼아 방뢰씨라 하였다가, 뒤에 줄여서 方씨와 雷씨 두 갈래로 나뉘었다. 황제의 신하 雷公이 약초 제조에 정통하여 의술 발전에 지대한 공을 세웠는데, 이가 방뢰씨의 후손이다.

② 외족이 개성

西漢 南安郡 雷姐羌족의 雷姓은 민족 이름에서 성을 삼은 것이며, 자칭 方雷氏의 후예라 하였다. 이들은 한족 雷씨와 동원이며 漢晉, 남북조를 거쳐오면서 陝西 寶鷄縣, 甘肅 慶陽縣 등지에서 활동하다가 뒤에 漢化되었다. 동한 南郡(지금의 湖北 襄樊市 남쪽 일대) 南蠻 潿山部의 뇌성은 역시 이민족으로서 한화되었으며, 삼국 蜀漢 下辨(지금의 甘肅 成縣 서쪽) 氐族의 뇌성은 수당시대 한화되었다. 이 세 지파의 한화된 뇌성은 중국 뇌성의

가장 큰 族源이며, 그 수는 방뢰씨에서 나온 이들보다 많다. 지금 陝西 渭北 지역 지명 중 '雷'자를 가진 村名 등은 모두 이들과 관련이 있다. 남방 각 지역의 雷씨는 일부 고대 南蠻 盤古氏의 후손이다. 반고씨의 후손 뇌씨는 지금의 苗族, 瑤族, 여족(畲族) 등의 先民이며 뇌성이 대성을 이루고 있다. 특히 절강, 복건, 강서 등지의 여족은 이 뇌성이 4대성의 하나이다. 화북 및 동북의 뇌성 일부는 여진족의 후예이다. 여진족 阿典氏가 동북에서 화북으로 이주하면서 대거 뇌성으로 개성하였고, 동북에 그대로 남아 살던 뇌성은 청대 만주족 팔기의 阿克占氏였다가 모두 역시 뇌성으로 바꾸었다.

군망(郡望) : 馮翊郡.

역사상 주요 인물

【雷義】 동한 명사.
【雷紹】 북조 後魏 渭州刺史.
【雷海靑】 당대 琴 演奏 명사.
【雷萬春】 당대 명장.
【雷威】 송대 琴 연주 명사.
【雷德潤】 원대 학자.
【雷學淇】 청대 학자.

070
賀(Hè): 하

> 賀 중국 100大姓의 하나. 220여만 명(현재 중국 전체 인구의 약 0.18%). 湖南, 山西, 河南, 內蒙古, 陝西, 甘肅, 寧夏 등지 주로 분포함.

(원류)

① 강성姜姓에서 기원

춘추시대 齊(姜姓)나라 桓公의 후손으로 慶克이 있었으며, 그 아들 慶封이 아버지 이름을 취하여 慶氏라 하였다. 東漢 때 그 후손 慶純이 郎中에 오르자 당시 漢 安帝가 아버지 淸河王 劉慶의 이름을 피휘하고자 永初 元年(107) 조서를 내려 慶자를 쓰지 못하도록 하여, 같은 뜻의 '賀'자로 바꾼 것이다.

② 외족의 개성

西晉 匈奴族의 賀賴部, 賀蘭部와 北朝 後魏 鮮卑族의 賀拔氏, 賀敦氏 등은 모두 漢化되면서 賀氏로 성을 정하였다. 이들은 북방 하씨의 대부분을 이루고 있다.

(군망(郡望)) : 廣平・會稽郡.

역사상 주요 인물

【賀循】서진 명신.
【賀若弼】수대 대장.
【賀知章】당대 재상, 시인.
【賀鑄】북송 시인.
【賀蘭齡】청대 雲貴總督.

071
倪(Ní): 예

倪 주로 山東, 江蘇, 湖北, 上海 등지에 분포함.

원류

① 희성姬姓에서 기원

서주 초 周 武王이 顓頊 高陽氏의 후손을 찾아 이들을 邾婁國에 봉하였다. 뒤에 邾 武公이 그 둘째 아들 孔子 肥를 郳邑(지금의 山東 滕州 동쪽)에 봉하여 邾國의 附庸國으로 삼아 小邾라 불렀다. 전국시대 이르러 이 나라가 楚나라에 망하자, 공자 비의 후손들이 그 나라 이름을 성으로 삼아 郳姓이라 하였다. 뒤에 이들은 다시 원수를 피하여 글자에서 'ß'편방을 제하고 아(兒)라 하였다가, 다시 사람 'イ'부를 붙여 예(倪)로 고쳤다. 이에 倪氏와 兒氏는 같은 성으로 여기고 있다.

② 외족의 개성

北朝의 後魏 鮮卑族에 賀兒氏가 있었는데, 이들이 중국식 성씨 倪姓으로 고쳤다.

군망(郡望) : 千乘郡.

역사상 주요 인물

【兒(倪)寬】 서한 명신.
【倪若水】 당대 尙書右丞.
【倪思】 남송 禮部尙書.
【倪瓚】 원대 화가. 元末四大家의 하나.
【倪元璐】 명대 戶部尙書.
【倪燦】 청대 학자.

072
湯(Tāng): 탕

 중국 100大姓의 하나. 230여만 명(현재 중국 전체 인구의 약 0.10%). 주로 福建, 湖南, 江蘇 등지에 분포함.

원류

① 자성子姓에서 기원

상부족은 黃帝의 후손으로 그 시조는 설(契)이며, 子姓으로 商(지금의 河南 商丘 남쪽) 땅에 거주하였다. 14대 湯에 이르러 夏나라를 멸하고 商나라를 세웠다. 그 지손의 서손이 선조의 이름을 취하여 湯氏로 성을 삼은 것이다. 그 뒤 다시 10대를 지나 盤庚에 이르러 殷(지금의 河南 安陽)으로 천도하여 상나라는 殷商으로도 불렸다. 서주 초 周 武王이 商나라 紂王의 庶兄인 微子를 宋나라에 봉하여 탕임금의 제사를 모실 수 있도록 하였다. 이에

商王 成湯과 殷 高宗(武丁)《三才圖會》

더 이상 봉을 받지 못한 殷商의 자손들은 이에 商, 殷을 성으로 삼았다. 따라서 湯, 商, 殷의 3개 姓은 실제 그 근원이 같은 셈이다. 한편 北宋 초에 이르러 宋 太祖 趙匡胤의 아버지 趙弘殷의 이름을 피휘하고자 殷성을 쓰던 사람들이 商, 혹은 湯성을 쓰게 되었다. 이를테면 五代 南唐의 대신이었던 殷崇義는 南唐이 망한 후 송나라에 들어와 관리가 되자 모든 식솔들이 湯성으로 복원하였다.

그 외 춘추시대 宋나라 公子 蕩의 손자 意諸가 조부의 이름 蕩자를 성씨로 삼아 蕩씨로 하였다가 그 후손이 '艹'를 제하고 '湯'씨로 표기하여 湯姓이 되었다.

군망(郡望) : 中山·范陽郡.

역사상 주요 인물

【湯惠休】남조 宋 시인.
【湯思退】남송초 재상.
【湯和】명대 개국공신.
【湯顯祖】명대 희곡작가.
【湯應曾】명대 음악가.
【湯斌·湯球】청대 학자.
【湯貽汾】청대 화가.

〈玄鳥賜喜〉清 蕭雲(畵)

073
滕(Téng): 등

 주로 廣西, 湖南, 遼寧, 黑龍江 등지에 분포함.

[원류]

① 軒轅氏에서 기원

고대 黃帝의 25명 아들 중에 성씨를 얻은 자가 12명이었는데 滕姓은 그 중의 하나이다.

② 희성姬姓에서 기원

서주 초 주 武王이 아우 叔繡를 滕(지금의 山東 滕州 서남)에 봉하여 제후국으로 삼았다. 전국 초에 이 나라가 越나라에 망하였다가 얼마 뒤 다시 회복되었으나 다시 宋나라에게 망하고 말았다. 이에 그 유족들이 그 나라 이름을 성씨로 삼은 것이다. 한편 滕姓의 한 지파는 난을 피하여 '騰'으로 바꾸어 지금도 중국에서는 '滕'과 '騰'을 동성으로 여기고 있다.

[군망(郡望)]: 南陽郡.

역사상 주요 인물

【滕延】동한 濟倍相.
【滕脩】서진 명장.
【滕曇祐】오대 전촉 書畫家.
【滕宗諒】북송 岳州知州.
【滕甫】북송 한림학사.

074
殷(Yīn): 은

殷 주로 山東, 雲南, 四川, 河北, 陝西 등지에 널리 분포함.

(원류)

① 자성(子姓)에서 기원된 商(子姓) 왕조의 후예들이다. 湯王이 상을 세운 이래 제10대 盤庚에 이르러 도읍을 殷(지금의 河南 安陽市 小屯村)으로 옮겨 국호를 殷이라 하였다. 그 왕족의 자손 중에 微子 啓가 周 武王에 의해 宋(지금의 河南 商丘市)에 봉해져 은나라 제사를 잇도록 하였다. 그 나머지 왕족의 후예들은 봉을 받지 못하자 商 혹은 殷, 湯으로 성씨를 삼게 된 것이다. 따라서 중국에서는 은, 탕, 상을 동성으로 여기고 있다.

그 외에 殷姓의 한 지파가 동쪽으로 이주하여 山東에 거주하게 되었는데 齊나라 사람들은 '殷'자를 '衣'로 발음하여 어떤 사람은 아예 '衣'자를 성씨로 삼기도 하였다. 따라서 殷姓과 衣姓은 지금도 동성으로 여기고 있다.

(군망(郡望)): 汝南郡.

역사상 주요 인물

【殷仲堪】동진 장수, 지도자.
【殷浩】동진 재상.
【殷均】남조 梁나라 國子祭酒.
【殷芸】당대 문학가.
【殷仲容】당대 화가.
【殷正茂】명대 상서.
【殷光鏞】청대 侍郎.

075
羅(Luó): 라

羅 중국 20大姓의 하나. 1,000여만 명(현재 중국 전체 인구의 약 0.86%). 주로 광동, 사천 등지에 집중적으로 분포함.

원류

① 웅성熊姓에서 기원

顓頊의 후예 季連은 양을 토템으로 하는 미(羋)부락의 수령이었다. 夏나라 초기 이 羋부락 穴熊氏족 중 일부가 穴熊氏족으로부터 분리하여 熊씨를 성씨로 삼았다. 아울러 새 잡는 그물을 잘 만들었으므로 달리 羅氏族이라 불리었다. 商나라 초기, 羅씨족들은 지금의 河南 滑縣 동쪽의 楚丘 일대에서 성장하여 나라를 세우게 되었다. 상나라 후기 羅나라는 상나라에게 밀려 지금의 甘肅 正寧縣 동쪽의 羅山으로 옮겨갔다. 서주 초 武王의 商나라 정벌을 도운 羅나라 군주가 그 공으로 지금의 湖北 서북부 房縣 일대에 봉해졌으며, 다시 지금의 湖北 宜城縣 서쪽 羅川城으로 봉지를 옮겨 羅子國이 되었으며 周나라 속국이 되었다. 춘추시대 이 羅나라가 楚 武王에 의해 멸망하자, 그 유민들이 나라 이름을 성으로 삼기도 하였고, 혹 일부는 熊씨성의 취하기도 하였다. 秦漢시대에 湖南의 羅姓들은 湘西와 湘南으로 발전하면서 그곳의 토착민과 융합,

黃帝

246 백가성

지금의 土家族·瑤族 나성의 조상이 되었다. 이들은 다시 湖南 남부에서 廣東과 廣西지역으로 발전하여 옛 越族과 융합, 廣西의 僮族·毛南族 등의 羅姓의 조상이 되었다. 湖南 서부의 나성들은 다시 서쪽으로 四川 동부와 貴州 등지로 뻗어나가, 지금 彝族·布衣族·白族 등의 나성의 조상이 되었다. 또 雲南으로 들어간 나성의 한 지파 중에 湄南河 하류로 옮겨간 사람들은 羅斛國을 세워 지금의 泰國의 조상이 되었다. 서남지역의 소수민족으로의 羅姓은 장기간 한족과의 교류로 섞여 살았기 때문에, 점차적으로 漢化되어 남방 羅姓의 가장 큰 근원이 되었다.

② 외족의 개성

北魏 鮮卑族의 破多羅氏·叱羅氏, 그리고 서역의 斛瑟羅氏 등의 씨족들이 집단적으로 羅姓으로 개성하였다. 당나라 때에 서역 曹나라 사람들과 天竺(인도) 사람들이 중국으로 들어오면서 중국식 羅씨를 성으로 선택하였고, 청대 滿洲族 八旗의 薩各達氏·羅佳氏·鄂穆綽氏·愛新覺羅氏 등의 전체 혹은 일부가 羅姓으로 개성하였다.

군망(郡望) : 豫章郡.

역사상 주요 인물

【羅奇生】 晉 武陵太守.
【羅藝·羅士信】 당초 명장.
【羅隱】 당대 문학가.
【羅鄴】 당대 시인.
【羅從彦】 송대 학자.
【羅貫中】 명대 소설가.《三國志演義》저자.
【羅聘】 청대 화가. 揚州八怪의 하나.
【羅大綱】 청대 太平天國 명장.

076
畢(Bi): 필

 주로 山東, 河南, 黑龍江 일대에 분포함.

원류

① 임성任姓에서 기원

黃帝의 25명의 아들 중 하나가 任성이었으며, 畢姓은 임성에서 분리되어 나온 것이다.

② 희성姬姓에서 기원

西周 초 武王이 그의 15번째 아우 姬高를 畢邑에 봉하여 역사적으로 그를 畢公高이라 부른다. 뒤에 畢나라가 쇠락하자, 畢公高의 후손 畢萬이 晉나라로 이주하여 晉나라 執政官이 되었으며, 이 필만의 후손이 전국 칠웅의 하나인 魏나라 군주가 된다. 그러나 일부 사람들은 옛 나라 이름을 성으로 삼아 畢성이 되었다. 이 지파의 필성이 바로 오늘날 필성의 주요 근원이다.

③ 외족의 개성

北朝 後魏 鮮卑族의 出連氏가 중원으로 들어온 이후 필성으로 개성하였으며, 隋唐 시기 西域의 畢나라 사람들도 중원으로 들어와 필성을 성으로

삼았다. 그 외에 소수민족 헤젠족(赫哲族)의 畢拉氏와 다호르족(達斡爾族)의 畢力央氏 등도 뒤에 필성으로 성으로 삼았다.

군망(郡望) : 河南郡.

역사상 주요 인물

【畢祖暉】북조 後魏 幽州刺史.
【畢耀】당대 시인.
【畢士安】북송 재상.
【畢昇】북송 발명가. 활자 인쇄술 발명.
【畢本】명대 화가.
【畢沅】청대 학자.
【畢慧】청대 여류시인.

077
郝(Hǎo): 학

> 郝 중국 100大姓의 하나. 360여만 명(현재 중국 전체 인구의 약 0.3%). 산동, 하북, 산서 등지에 비교적 많이 분포함.

(원류)

① 풍성風姓에서 기원

고대 太昊 伏羲氏(風姓)의 아우로 郝省氏가 있었으며 이는 東夷族의 한 지파였다. 商나라 후기 학성씨의 후예로써 子期라는 자가 郝鄉(지금의 陝西 周至縣 동쪽)에 봉을 받았다가 뒤에 북쪽 山西 太原市 동북으로 옮겨 살았다. 그 자손들이 봉지와 성명을 취하여 성으로 삼은 것이다.

② 외족의 개성

원래 漢魏시기 흉노족과 胡人, 그리고 삼국시기 烏桓의 대성이었다. 한편 晉나라 때부터 唐나라에 이르기까지 南蠻의 叟族의 대족에 郝骨氏가 있었으며 이들이 학씨로 성을 바꾼 것이다. 그리고 元나라 때 몽고족의 都嚕氏, 淸代 몽고족의 哈勒努特氏 등이 모두 집단적으로 성을 학씨로 바꾸었다. 이들은 북방 학씨의 주종을 이루고 있다.

군망(郡望) : 太原郡.

역사상 주요 인물

【郝賢】 서한 上谷太守.
【郝處俊】 당대 재상.
【郝澄】 송대 화가.
【郝經】 원초 학자.
【郝錦】 명대 학자.
【郝搖旗】 명말 농민군 수장.
【郝懿行】 청대 학자.

078
鄔(wū): 오

鄔 주로 江西, 安徽, 浙江, 四川 등지에 분포함.

원류

① 운성妘姓에서 기원

顓頊 高陽氏(妘姓)의 후예인 陸終의 넷째 아들 求言이 鄔(지금의 河南 偃師縣)에 봉해져 그 자손들이 그 지명을 성씨로 삼은 것이다.

② 기성祁姓에서 기원

춘추시대 晉나라 대부 祁盈의 집에 같은 성씨의 家臣 祁臧이 있었는데 공을 세워 鄔(지금의 山西 介休市)에 봉해져 이를 鄔臧이라 불렀다. 이에 그 자손들이 지명을 성씨로 삼은 것이다.

③ 司馬氏에서 분화

춘추시대 晉나라 대부 司馬彌牟가 鄔 땅의 대부가 되에 鄔大夫라 불렀다. 그 자손이 이를 성씨로 삼은 것으로 언씨의 다른 원류이다.

군망(郡望) : 豫章·太原郡.

역사상 주요 인물

【鄔單】춘추 공자제자.
【鄔彤】당대 서예가.
【鄔克誠】남송 학자.
【鄔信】명대 학자.
【鄔佐卿】명대 시인.
【鄔希文】청대 화가.

079
安(Ān): 안

 주로 河北省에 집중적으로 분포함.

원류

① 안식왕安息王에서 기원

　동한시대 安息國 왕의 후손이 안씨가 되었다. 안식국은 지금의 이란 동북에 위치하였으며, 중국과 서아시아 중동과의 무역에 중요한 교통로였다. 사서의 기록에 의하면 안식국 왕자 安淸이 불교에 심취하여, 숙부에게 왕위를 넘겨주고 東漢 靈帝 때 洛陽(지금의 하남 洛陽市)에 이르러 불경 번역 작업에 몰두하며 이름을 安世高라 불렀다. 그 후대가 안씨 성을 취득한 것이다. 그 후손이 뒤에 다시 전란을 피하여 서북의 涼州(지금의 甘肅 武威市)와 동북 遼東 등지에 분산 거주하였다. 北朝 後魏 때 안식국 세자가 다시 중국에 와서 거주하면서 후위 왕조로부터 安同이라는 이름을 하사받아 또 다른 안식국 안씨가 생겨났다. 《新唐書》宰相世系表에 의하면 안씨 성은 본래 黃帝 軒轅씨에서 기원하였다고 하였다. 黃帝가 昌意를 낳고 창의의 둘째 아들 이름이 安이었으며 이가 西方에 거주하며 스스로 安息國이라 하다가 후손이 뒤에 중국으로 다시 들어왔다는 것이다. 이는 후대 견강부회한 것으로 신빙성이 약하다.

② 鮮卑族 안지씨安遲氏에서 기원

   北朝 後魏 鮮卑族의 安遲氏가 中原으로 들어오면서 安씨와 遲씨, 두 성으로 분화하였다.

③ 西域 안국安國에서 기원

   중국 서북부 祁連山 북쪽 昭武城(지금의 甘肅 臨澤縣)은 고대 康國의 도읍지였다. 뒤에 흉노에게 패하여 그 유민이 중앙아시아의 암하(阿姆河)와 시얼하(錫爾河) 유역으로 밀려나 康, 安, 曹, 石, 米, 何, 火尋, 戎地, 史 등 9개의 小國을 세워 자신들의 옛 땅 이름을 잊지 않고자 하였다. 이들을 흔히 '昭武九姓'이라 한다. 이들이 다시 內地로 들어오면서 자신들의 옛 성씨를 살려 이어왔으며, 安國人은 안씨 성을 되찾게 되었다. 고대 안국은 지금의 우즈베키스탄 푸할라(布哈拉) 일대였다.

④ 康姓의 胡人에게서 기원

   당대 절도사 安祿山은 營州 柳城(지금의 河北 昌黎縣 서쪽)의 胡人으로 본성은 康氏였다. 고아가 되어 어머니의 재가를 따라 성을 안씨로 바꾸게 된 것이다. 뒤에 安史의 난을 일으켜 죽음을 당하였지만, 그 후손 중 남은 일부가 안씨 성을 그대로 유지하였다.

⑤ 蒙古族의 개성

   명대 蒙古人 孟格은 이름을 漢族式의 安汝敬으로 바꾸었으며, 그 후손이 그 성씨를 그대로 유지하였다.

⑥ 滿洲族 八旗의 安德氏

   청대 滿洲族 八旗 安德氏가 뒤에 성씨를 安씨로 택하였다.

⑦ 소록국蘇祿國의 후예

청대 蘇祿國(지금의 필리핀 경내) 왕자가 조공을 위하여 중국에 왔다가 돌아가던 도중 죽자, 그 가인과 수종하던 이들이 중국에 남아 그대로 살면서 성을 安씨로 하였다. 이상 안씨들 중 외족의 안씨들은 장기간 한족과 융합하면서 한화하였고, 그 중 안식국 기원의 안씨와 서역 안국의 안씨 등이 지금 안씨의 중요한 姓源이다.

군망(郡望) : 武威郡.

역사상 주요 인물

【安同】 북조 後魏 장수.
【安鴻漸】 당대 시인.
【安金全】 오대 後唐 명장.
【安重榮】 오대 後晉 명장.
【安丙】 남송 四川按撫使.
【安然】 명초 명신.
【安國】 명대 장서가.
【安廣譽】 청대 화가.

080
常(Cháng): 상

 중국 100大姓의 하나. 220여만 명(현재 중국 전체 인구의 약 0.18%). 주로 河南, 山西, 黑龍江, 吉林 일대에 분포함.

[원류]

① 고대 상국常國에서 기원

고대 黃帝의 신하였던 常先과 常儀이 고대 常나라 사람들이었으므로 그 족인들이 常을 성으로 삼은 것이다. 전설에는 常儀는 여자로써 천문에 능통했기 때문에, 黃帝는 일찍이 그에게 달에 관한 점을 보는 일을 맡겼다고 한다. 고대에는 '儀'와 '娥' 두 글자는 同音通假자였다. 그 때문에 '常儀'를 '常娥'를 표기하며 常자는 嫦과 같은 음으로 보아 "嫦娥奔月"의 고사로 발전한 것이다. 이 지파의 상성은 夏商 시기에는 전혀 기록이 없는 것으로 보아 아마 姬姓의 常氏에 융입되었을 것으로 보고 있다.

② 희성姬姓에서 기원

두 갈래로 나누어 볼 수 있다. 첫째는 서주 초기 周 武王이 그의 아홉째 아우를 康(지금의 河南 禹州 서북) 땅에 봉하였으며, 成王이 다시 衛(지금의 河南 淇縣 동북) 땅에 봉지를 옮겨 역사적으로 그를 '衛康叔'이라 부른다. 이 衛康叔의 지손 서손이 常邑(지금의 山東 滕州)을 식읍으로 받아 그 자손들이 고을 이름을 성씨로 삼은 것이다.

둘째로 吳나라 시조인 周文王의 伯父 太伯과 仲雍이 있었는데, 춘추시대 吳王이 그들의 庶孫들을 常(지금의 江蘇 常州) 땅에 봉하여 그 후손들이 고을 이름을 성으로 삼은 것이다.

③ 항성恆姓에서 기원

北宋 眞宗의 이름이 趙恆으로 조서를 내려 '恆'자를 피휘할 것을 천하에 명하자, 당시 恆성은 모두 뜻이 같은 '常'자로 개성하였다. 恆성은 본래 춘추시대 楚나라 대부 恆惠公의 후손들이다. 이들 개성한 常성들은 여전히 恆惠公을 시조로 받들어 모셨다.

군망(郡望) : 平原郡.

역사상 주요 인물

【常惠】 서한 右將軍.
【常璩】 동진 사학가.
【常爽】 북조 後魏 장군.
【常景】 북조 後魏 비서감.
【常袞】 당대 재상.
【常建】 당대 시인.
【常同】 북송 어사.
【常遇春】 명초 대장.
【常倫】 명대 散曲家.

081
樂(Yuè): 악

 주로 浙江 등지에 분포함.

[원류]

① 원래 子姓에서 기원하였다. 춘추시대 商나라 왕족 후예 중에 宋 戴公의 아들로 이름이 간(衎)의 자가 악보(樂父)인데, 그 후손들이 그 자를 성으로 삼은 것이다.

② 이 '樂'자는 혹 '락'으로도 읽는 성씨가 있다. 이는 '악'으로 읽는 성씨와는 그 근원이 다른 성씨이다.

[군망(郡望)] : 南陽郡.

[역사상 주요 인물]

【樂毅】전국 燕나라 명장.
【樂羊】전국 魏나라 장군.
【樂法牙】남조 梁 江夏太守.

【樂遜】북조 周 학자.
【樂史】북송 학자.
【樂韶鳳】명대 兵部尙書.

082
于(Yú): 우

> 于 중국 30大姓의 하나. 740여만 명(현재 중국 전체 인구의 약 0.62%). 주로 山東과 東北 각지에 널리 분포함.

원류

① 자성子姓에서 기원

商나라 후기, 왕 武丁이 아들을 于(지금의 河南 睢縣일대) 땅에 봉하여 侯로 삼아 于侯(邘侯)라 불렀다. 뒤에 지금의 河南 沁陽 서북쪽으로 옮겼다가 주나라 초기 멸망하자, 于侯의 자손들은 지금의 河南 濮陽 동남쪽과 山西 盂縣으로 흩어지면서 모두가 옛 나라 이름을 성으로 삼았다.

② 희성姬姓에서 기원

西周 초, 周 武王이 그의 셋째 아들 邘叔于를 옛 우 땅에 후작을 주어 봉하였다. 이 于나라는 세력이 약하여 東周 초기에 鄭나라에게 망하고 말았다. 그러자 그 지손 서손들이 나라 이름을 성으로 삼은 것이며, 이들 후손은 東海郡(지금의 山東 剡城縣)의 望族이 되었다.

③ 순우씨淳于氏에서 기원

唐 憲宗의 이름이 李純이었다. 이에 '純'과 '淳'이 동음이었으므로 피휘하도록 조서를 내리자 복성이었던 淳于氏는 '淳'자를 고쳐 于성으로 하였다.

宋代에 이르러 몇몇 사람은 淳于氏의 성을 회복하였으나 몇몇은 고친 于姓을 그대로 사용하였으며, 이에 따라 이 우성은 淳于씨의 郡望인 河內郡을 자신들의 군망으로 삼고 있다.

④ 외족의 개성

《路史》에 의하면 東海郡에 대대로 거주하던 우성은 兩晉十六國 시기에 鮮卑族 拓拔氏를 따라 북쪽으로 옮겨 代北에 살게 되면서 鮮卑族의 풍속을 존중, 그들의 성씨에 맞추어 万忸于氏가 되었다. 그리고 그 탁발씨가 두 차례에 걸쳐 남하하여 後魏 정권을 세우자 그 때도 역시 이들 万忸于氏는 이들을 따라 남하한 뒤에 다시 漢族式의 옛 성의 于氏로 회복하였다. 이 지파의 우씨는 河南郡으로 郡望을 삼았다. 그 외에도 선비족의 勿忸于氏도 우성으로 고쳤다. 한편 청대에 만주 八旗의 尼瑪哈氏族도 모두 우성으로 고쳤다. 또 漢代의 匈奴 사람의 于성과 北朝 後魏 때의 于闐國 于씨들 역시 후대 장기간에 한족과 같이 살면서 漢化되었다.

군망(郡望) : 東海・河南・河內郡.

역사상 주요 인물

【于定國】 서한 승상.
【于吉】 동한 方士.
【于禁】 삼국 魏 장수.
【于志寧】 당대 재상.
【于謙】 명대 명신.
【于愼行】 명대 문학가.
【于成龍】 청대 명신.

〈于志寧〉자 仲謐

于志寧字仲謐京兆高陵人貞觀三年為中書侍郎太宗嘗宴近臣問志寧安在有司奏勅召三品志寧以品第四帝特詔預宴因加散騎常侍太子左庶子以京非王業所立七廟舉臣講以京武昭王為始祖志寧泰古今異時慕因獨建議違之帝詔功臣世襲刺史遷剌志寧以燕國公監修國史頭慶四年卒諡曰定又嘗與司空李勣等定本草并圖合五十四篇其書大行虛名遺實事非久安計帝從之又輔太子承乾數忠諫不從後太子敗宮臣皆罪廢志寧獨蒙勞勉後進封燕

083
時(shi): 시

時 주로 河南, 山東 등지에 분포함.

[원류]

① 자성子姓에서 기원

서주 초 상(은)의 왕족 微子 啓가 宋(지금의 河南 商丘市)나라에 봉을 받았으며, 춘추시대 송나라 대부 공자 來가 時邑을 채읍으로 받았다. 그 후손들이 그 땅 이름을 성씨로 삼은 것이다.

② 영성嬴姓에서 기원

상나라 말기 고죽국의 두 왕자 伯夷와 叔齊가 首陽山에 머물러 살며 상나라가 망한 뒤 음식을 끊고 굶어 죽었다. 서주 초 周 武王이 그들의 절의를 표창하여 백이의 후손을 申(지금의 河南 南陽市)에 봉하였다. 춘추시대 이르러 申나라가 楚나라에게 망하자 그 백성들은 남쪽으로 이주하여 초나라 백성이 되었다. 그 후손 申叔時가 초나라 대부가 되었으며, 그 자손이 申叔時의 이름에서 時자를 취하여 성씨로 삼은 것이다.

군망(郡望) : 隴西郡.

역사상 주요 인물

【時子】전국 齊나라 현인.
【時溥】당대 武寧節度使.
【時瀾】남송 학자.
【時大彬】명대 도예가.
【時銘】청대 학자.

084
傅(Fù): 부

傅 중국 50大姓의 하나. 610여만 명(현재 중국 전체 인구의 약 0.51%). 주로 山東, 湖南, 雲南 등지에 널리 분포함.

(원류)

① 규성嬀姓에서 기원

舜임금은 嬀姓이다. 그 후손들은 傅(山西 平陸縣 동쪽) 땅에 봉해졌다가 夏나라 때에 다시 傅陽(지금의 山東 棗莊 남쪽)으로 봉지를 옮기게 되었다. 이에 그 후손들이 나라 이름을 성으로 삼은 것이다. 嬀姓傅氏는 후에 狸姓 傅氏로 편입되어 사라지고 말았다.

② 이성狸姓에서 기원

堯임금의 아들 丹朱는 祁姓으로 舜임금에 의해 房邑(지금의 湖北 房山縣)을 봉지로 받았는데 달리 狸姓이라고도 불렸다. 夏나라가 들어서자 단주의 후예인 狸大田을 傅(지금의 山西 平陸縣 동쪽) 땅에 봉하여 그 때문에 후손들은 고을 이름을 성으로 삼았다. 商나라 말기 商王 武丁은 부열(傅說)을 재상으로 삼아 나라를 중흥시켜 '中興明主'라는 불렸다. 그 뒤 傅姓은 山西 남부와 河南 북부에 번성하기 시작하여 마침내 중국 50대 대성의 하나가 되었다.

③ 외족의 개성

동한 때, 牂舸傅氏는 夜郞族의 대성이었으며 남북조시기에 夜郞族 대다수의 사람들이 四川의 한족이 되었다. 지금 서남지역의 많은 傅성들은 이와 연관이 깊은 것으로 알려져 있다. 또 청대에 만주족 팔기의 傅佳氏가 집단적으로 傅姓으로 개성하였다.

군망(郡望) : 淸河郡.

역사상 주요 인물

【傅說】 상나라 초기 명신.
【傅喜】 서한 대사마.
【傅毅】 동한 문학가.
【傅玄】 서진 학자.
【傅奕】 당초 학자.
【傅友德】 명대 명장.
【傅山】 청초 유명 학자.
【傅以漸】 청대 武英殿大學士.
【傅維麟】 청대 사학가.

부열(傅說) 《三才圖會》

085
皮(Pi): 피

皮 주로 江蘇, 山東 등지에 분포함.

원류

ⓞ 기원과 유래가 비교적 복잡하나 지명과 관련이 있는 것으로 보고 있다. 춘추시대 여러 제후국들과 관계가 있으며, 당시 周·鄭·晉·陳 등 여러 나라는 모두 皮氏를 성씨로 삼고 있었다. 우선 周나라는 魯 獻公의 둘째 아들 仲山甫가 周 宣王을 보좌하여 주나라 중흥에 지대한 공로가 있다하여 그를 樊國(지금의 河南 濟源市 서남)에 봉하여 이를 樊侯라 칭하였다. 그리하여 중산보의 자손들은 모두 樊氏로 성씨를 삼았다. 그 후예들로서 지손의 서자는 嫡嗣의 성씨를 따를 수 없었는데, 마침 그 후손으로서 皮氏(지명, 지금의 山西 河津縣)에 봉을 받은 자가 있어 역사에는 이를 樊仲皮라 불렀다. 그리하여 그 지파는 조상의 자를 취하여 '皮'를 성으로 삼았던 것이다.

한편 鄭나라에서는 子皮라는 대부가 있었는데 그 자손들이 역시 '皮'자를 성씨로 삼았으며, 晉나라에서는 獻公이 대부 趙夙을 皮邑에 봉하여 그들의 후손 역시 '皮'성을 얻게 되었다. 그 외에 陳나라 공족 중에 피성을 취한 자도 있었는데 이는 다른 지파로 여기고 있다.

군망(郡望): 天水郡.

[역사상 주요 인물]

【皮豹子】북조 後魏 명장.
【皮日休】당말 시인.
【皮光業】오대 吳越國 승상.
【皮龍榮】남송 參知政事.

086
卞(Biàn): 변

 주로 江蘇, 四川 등지에 집중적으로 분포함.

원류

① 黃帝의 후예

黃帝의 예손 明이 卞(지금의 山東 泗水縣 동쪽 卞橋鎭) 땅에 봉해져 '卞明'으로 불렸다. 그 후손들이 나라 이름을 성으로 삼은 것이다. 夏商 때 제사를 관장했던 卞隋가 바로 이 卞明의 후손이다.

② 조성曹姓에서 기원

서주 초 周 武王이 그의 아우 叔振鐸을 曹(지금의 山東 曹州) 땅에 봉하여 그를 曹叔振鐸으로 불렀다. 그 후손들이 나라 이름인 曹를 성으로 삼았다. 뒤에 曹叔振의 지손 서손 중 孟莊子라는 유명한 勇士가 있었고, 그는 魯나라에서 관리가 되어 卞邑(지금의 山東 兗州·泗水일대)에 봉해져 卞莊子로 불리었다. 그 후손들이 卞을 성으로 삼았으며, 이것이 卞姓 형성의 또 다른 근원이 되었다. 卞姓과 曹姓은 같은 조상을 모셨으며, 예로부터 山東과 江蘇 북부 일대에서 같이 살았기 때문에 후세에 이르러 변성과 조성 사이에는 서로 혼인하지 않는 習俗이 생겼다. 아울러 고대에 '卞'과 '弁' 두 글자는 서로 통용하여 흔히 卞莊子를 弁莊子라고도 표기한다.

군망(郡望) : 濟陽郡.

역사상 주요 인물

【卞和】 춘추 楚나라 명사.
【卞敦】 동진 尙書.
【卞延之】 남조 宋 명사.
【卞大亨】 남송초 학자.
【卞仲子】 원대 화가.
【卞立言】 청대 棋士.

087
齊(Qi): 제

 주로 東北 각지와 河北, 河南 등지에 집중적으로 분포함.

원류

① 희성姬姓에서 기원

춘추시대 衛나라 昭公의 아들 하나가 작위를 잇지 못한 채 죽어 '齊子'라는 시호를 얻게 되었다. 이 제자의 손자가 조부의 시호를 성씨로 삼아 齊姓이 되었다.

② 강성姜姓에서 기원

서주 초기 姜太公 子牙가 齊(지금의 山東 臨淄 일대) 땅을 봉지로 받았다. 춘추 말기에 제나라의 세력이 약해져 大臣 田氏가 나라를 빼앗았다. 옛 제나라의 姜성들은 옛 제나라를 그리워하며 나라 이름 齊를 성으로 삼았다. 이 강성의 제씨들이 지금 제씨들의 근원이다.

③ 외족의 개성

漢晉 시기 武都(지금의 甘肅 成縣 서쪽)에 살던 씨족들 중 齊姓이 있었고, 北朝 後魏 때 후위의 통치에 불만을 품고 반란을 일으켰던 반란군 수령 齊萬年은 바로 저족(氐族)의 제씨였다.

군망(郡望) : 汝南郡.

역사상 주요 인물

【齊豹】 춘추 衛나라 대부.
【齊鎬】 당대 시인.
【齊抗】 당재 재상.
【齊唐】 북송 학자.
【齊德之】 원대 명의.
【齊泰】 명대 尙書.

088
康(Kāng): 강

> 康 중국 100大姓의 하나. 330여만 명(현재 중국 전체 인구의 약 0.28%). 주로 安徽의 북부, 四川 서부, 陝西, 甘肅, 寧夏 일대에 분포함.

원류

① 희성姬姓에서 기원

두 갈래로 나눌 수 있다. 첫째 西周 초기, 周 武王이 아우를 康(지금의 河南 禹州市 서북) 땅에 봉하여 康叔이라 불렀다. 뒤에 무왕의 아들 成王 때 衛(지금의 河南 淇縣 동북) 땅으로 봉지를 옮겨 그를 '衛康叔'이라 불렀다. 康叔의 아들인 王孫牟는 시호가 康伯이었으며, 이에 그 후손들이 그들 조상의 시호를 성으로 삼은 것이다.

둘째, 東周의 頃王은 定王의 동생인 王季子를 劉城에 봉하였고 시호는 康公이었다. 이에 그 후예들 역시 조상의 시호를 성으로 삼은 것이다.

② 외성, 외족의 개성

北宋의 개국황제 太祖 趙匡胤의 이름 중에 '匡'자를 피휘하여 천하의 '匡'성을 改姓할 것을 명하자, 匡姓이 '康'으로 바꾸었다. 또 西漢시대에 西域의 康居國(지금의 우즈베키스탄 사라르칸트 일대) 사람들이 비단길(실크로드)이 열리면서 중원으로 들어와 거주하면서 그들의 자손들이 자신의 나라 이름에서 康자를 취하여 성으로 삼았다. 그리고 唐나라 시대 서역의 '昭武九姓'중 하나였던 康나라 사람들이 중원으로 들어온 후, 역시 많은 사람들이

康을 성으로 삼았다. 그 외에도 역사상 突厥族들 중에도 강성이 많았으며, 그들은 끊임없이 河西走廊을 따라 西北과 四川 지역으로 옮겨왔다. 이들 외족에 원류를 둔 강성은 모두 漢人이 되었으며, 중국 서부지역에 강성이 많이 거주하게 된 원인 중의 하나이다.

군망(郡望) : 京兆郡.

역사상 주요 인물

【康泰】삼국 東吳 항해가.
【康僧會】삼국 동오 名僧.
【康承訓】당대 河東節度使.
【康昆侖】당대 琵琶 연주가.
【康延擇】북송 장군.
【康與之】남송 학자.
【康進之】원대 극작가.
【康海】명대 문학가.

089
伍(wǔ): 오

伍 주로 湖南, 廣東, 湖北 등지에 분포함.

[원류]

◎ 黃帝 때의 대신 伍胥에서 유래되었다. 伍胥의 후손 伍參이 춘추오패의 하나인 楚 莊王의 신하가 되어 이 초나라가 북쪽으로 진출, 晉나라와 패권을 다툴 때 공을 세워 大夫로 봉해졌다. 그 支孫과 庶孫들이 이 '伍'를 성씨로 삼은 것이다.

[군망(郡望)]: 安定郡.

[역사상 주요 인물]

【伍奢】 춘추 楚나라 太傅.
【伍員】 伍子胥, 춘추 吳나라 상국.
【伍孚】 한대 校尉.
【伍祐】 북송 학자.
【伍文定】 명대 兵部尙書.
【伍廷芳】 청말 명신.

伍子胥《三才圖會》

090
余(Yú): 여

 중국 80大姓의 하나. 500여만 명(현재 중국 전체 인구의 약 0.41%). 주로 長江 유역에 집중적으로 분포함.

(원류)

① 사성姒姓에서 기원

商나라 때, 夏禹의 후손이 繇余(山西 남부로 추정)로 봉해져 由余라 불렸다. 춘추시대에 繇余의 봉토는 赤狄의 劉吁氏에게 점령당하게 된다. 그들은 난을 피해 西戎으로 도망가서 관리가 되자, 나라이름을 자신의 이름으로 삼아 由余라 한 것이다. 秦 穆公이 그 훌륭함을 듣고 신하로 삼자, 유여는 진 목공의 책사가 되어 서융 12국을 멸하는 데 결정적인 능력을 발휘하였다. 이로써 진나라가 서쪽의 패자가 되었다. 이에 그의 후손들이 그 이름을 성으로 삼았으며, 후에 由와 余 두 개의 성으로 나뉘었다.

② 외성隗姓에서 기원

《國語》의 "潞, 洛, 泉, 余, 滿 다섯 개의 성은 모두 赤狄의 隗姓"(潞洛泉余滿五姓, 皆赤狄隗姓)이라 하였다. 赤狄은 지금의 山西 長治市 북쪽에 분포하였으며, 그 일부가 춘추시대 晉나라에 편입되었다. 그들 중 留吁部는 夏禹의 후손인 由余國 옛 땅에 남아 살게 되어 이를 余나라로 불렀다. 뒤에 이 余國이 晉나라에게 멸망당하자, 그 백성들은 余를 성으로 삼은 것이다.

③ 외족의 개성

南朝 陳나라 시기 江西지방에 奉新의 奚族에 余姓이 있었고, 元나라 때는 서역에서 중원으로 건너온 사람들 중에도 余성이 있었으며 이들은 廬州(지금의 安徽 合肥)의 望族이 되었다. 원나라 말기의 충신인 재상 鐵穆은 칭기즈칸(테무친)의 후예였다. 원나라 말기 병란이 일어나 재상 鐵穆이 해를 입자 그 여덟 아들은 난을 피해 四川으로 도망가는 도중 長江에 이르러 추격병이 쫓아오자, 이들 8형제는 각자 성을 바꾸어 흩어져 피하였는데, 그 중 한 명이 강에서 물고기를 보고 余를 성으로 삼았다고 한다.《余氏總譜》에는 당시 일을 기록하여「余本元朝宰相家, 洪兵趕散入西厓. 瀘陵岸上分攜手, 鳳錦橋邊挿柳椏. ……前傳詩句詞如此, 後嗣相逢係本家」라는 長詩 한 수가 실려 있다.

군망(郡望) : 下邳郡.

역사상 주요 인물

【余欽】당대 학자.
【余靖】북송 명신.
【余玠】남송 명장.
【余天錫】남송 재상.
【余興亨】명대 시인.
【余煌】명대 명신.
【余懷】청대 문학가.
【余萬言】청대 화가.

091
元(Yuán): 원

元　주로 遼寧에 집중적으로 분포함.

원류

① 商나라 太史 원선元銑의 후예

　　商나라 太史 元銑에서 원씨 성의 시작이 되었다. 商王 帝乙은 원래 棄를 태자로 정하였으나 뒤에 棄를 버리고 따로 辛(帝辛, 뒤의 紂王)을 태자로 삼았다. 이에 태사 원선이 극력 반대하였지만 바로잡을 수가 없었다. 원선이 죽고 그 자손이 이를 성씨로 삼았다. 이 원씨는 뒤에 더 이상 기록이 보이지 않으며 姬姓元氏에게 융합된 것으로 보고 있다.

② 희성姬姓에서 기원

　　춘추시대 衛(姬姓)나라 대부 원훤(元咺)이 元(지금의 河北 大名縣 동쪽 元城)을 봉지로 받았으며, 그 후손이 읍 이름을 성씨로 삼은 것이다. 이 원씨가 오늘날 원씨의 주된 姓源이다.

③ 필씨畢氏에서 기원

　　춘추 말 魏 武侯는 실제 畢氏에서 나왔다. 그 아들 公子 元이 元邑(지금의 하북 대명현 동쪽)을 식읍으로 받아 그곳에 성을 쌓고 거주하여 元城

이라 하였다. 그 자손들이 성 이름을 성씨로 삼게 되었다.

④ 외성, 외족의 개성

　　북송 초 宋 太祖 趙匡胤의 아버지 이름이 趙玄朗이었다. 이에 조서를 내려 '玄'자를 쓰지 못하도록 하여 당시 玄姓이 모두 元자로 바꾸었다. 北朝 後魏 선비족 拓跋氏는 漢文化를 지극히 숭상하여 孝文帝 拓跋宏이 平城(大同)에서 洛陽으로도 도읍을 옮기면서 조서를 내려 탁발씨를 모두 元씨로 바꾸도록 하였다. 이에 後魏를 달리 元魏라고도 부른다. 《新唐書》宰相 世系表에 의하면 "黃帝生昌意, 昌意少子悃, 居北, 十一世爲鮮卑君長"이라 하여 탁발씨 역시 황제의 후손이라 하였다. 이는 당시 선비족이 중원 한족으로부터 동족임을 내세워 적의를 피하고자 꾸며낸 것이기는 하나, 중국 소수민족 중 스스로 환화를 적극 추진한 예로 널리 거론되고 있다. 이들이 당시 원씨의 중요한 성원이며 탁발씨 외에 紇骨氏, 是云氏, 景氏 등도 元씨로 개성하였다.

군망(郡望) : 太原·河南郡.

역사상 주요 인물

【元宏】 북조 後魏 孝文帝.
【元景山】 수나라 명장.
【元稹·元結】 당나라 시인.
【元好問】 金末 문학가.

092
卜(Bǔ): 복

 주로 安徽, 桂林, 廣東 일대에 분포함.

원류

① 고대 占卜官에서 기원

《通志》氏族略에 周나라 占卜官으로 "魯에는 卜楚丘, 晉에는 卜偃, 楚에는 卜徒父가 있었으니, 이들은 모두 卜을 성씨로 삼았다"(魯有卜楚丘, 晉有卜偃, 楚有卜徒父, 皆以卜命之, 其後遂以爲氏)라 하였다. 商周 사람들은 미신을 믿어, 항상 점을 쳐서 軍政의 문제를 결정하였으며, 아울러 전문적으로 점복에 관한 일을 관장하는 직책을 두었다. 이들을 太卜이라 불렀으며, 그 아래 속관을 卜人이라 하였다. 卜姓의 기원은 매우 일찍 시작되었으며《路史》의 의하면 "夏나라 啓 때 卜氏가 있었으며 叔繡도 후손으로도 복씨가 있었다"(夏啓有卜氏, 又叔繡後有卜氏)라 하였다. 이것이 가장 이른 복성의 기원 중 하나이다.

② 외족의 개성

北朝 後魏 鮮卑族에 須卜氏가 있었으며 청대 滿洲族 八旗의 布爾察氏·布尼氏·布爾尼氏 등이 후에 집단적으로 복성으로 고쳤다. 또 지금의 다호르족(達斡爾族)의 布頓强氏와 土族의 奈卜氏, 시버족(錫伯族)의 卜占氏 등이

한족의 성인 卜성을 성으로 삼고 있으며, 回族·土家族·朝鮮族(한국)·蒙古族 등에도 복성이 있다.

군망(郡望) : 西河·河南郡.

역사상 주요 인물

【卜商】子夏, 춘추 공자제자.
【卜式】한나라 어사대부.
【卜天與】남조 宋 명장.
【卜天璋】원대 饒州總管.
【卜舜年】명대 화가.

093
顧(Gù): 고

> 顧 중국 100大姓의 하나. 300여만 명(현재 중국 전체 인구의 약 0.25%). 주로 浙江, 江蘇 지역에 분포함.

(원류)

① 기성己姓에서 기원

전욱 고양씨의 후손 陸終의 맏이 樊이 昆吾(지금의 山西 運城市 동북 安邑鎭)에 살면서, 뒤에 발전하여 곤오 부락을 형성하였으며 己姓이었다. 이 곤오씨의 후예로써 雇氏族이 있었는데, 고대 '雇'자와 '顧'자는 통용하여 夏나라 때 顧(지금의 河南 范縣 동남 顧城)에 봉을 받아 夏나라의 중요한 제후국이 되었다. 하나라 말기 成湯이 이 顧國을 멸하자, 그 나라 사람들이 사방으로 흩어지면서 나라 이름을 성씨로 하여 顧氏라 하였으며, 역사에서는 이들을 北顧氏라 부른다.

② 사성姒姓에서 기원

우임금의 서손 후예가 회계에 살았는데 월왕 구천은 그 후손이다. 춘추 말기 越나라가 楚나라에게 망하였고, 秦나라 말기 구천의 7세손 閩君搖가 漢 高祖 劉邦을 도와 천하를 차지하여 東甌(지금의 浙江 永嘉縣 서남)에 봉해졌다. 민군요는 따로 자신의 아들을 顧餘侯에 봉하여 會稽(지금의 江蘇 紹興市)를 떼어 주었다. 漢 武帝 때 고여후가 작위를 잃자, 그 후손들이 흩어지면서 顧氏를 성으로 삼아, 역사에서는 이들을 南顧氏라 칭한다. 이 남고씨는 그 뒤 회계에서 급속히 발전하여 대성을 이루었으며, 漢魏六朝 시대에는 陸·朱·張과 더불어 '會稽四姓'이라 불리며 강남 망족이 되었다.

③ 외족의 개성

원대 貴陽 定番州의 顧姓 토호가 귀순하였고, 청대 滿洲族 八旗의 伊爾根覺羅氏의 일부가 顧姓을 바꾸어 漢化하였다.

군망(郡望) : 會稽·武陵郡.

역사상 주요 인물

【顧雍】 삼국 東吳 승상.
【顧榮】 서진 강남 士族 領袖.
【顧愷之】 동진 화가.
【顧野王】 남조 陳 학자.
【顧況】 당대 시인.
【顧閎中】 오대 南唐 화가.
【顧瑛】 원대 문학가.
【顧璘】 명대 명신.
【顧鼎臣】 명대 대신.
【顧憲成】 명대 명신, 東林黨 영수.
【顧炎武】 명말청초 학자.
【顧祖禹】 청대 지리학자.
【顧貞觀】 청대 문학가.
【顧太淸】 청대 女流詞人.

顧愷之

094
孟(Mèng): 맹

> 孟 중국 100大姓의 하나. 290여만 명(현재 중국 전체 인구의 약 0.24%). 주로 山東과 東北 각 지역에 널리 분포함.

원류

① 고대 맹씨족孟氏族에서 기원

顓頊 高陽氏의 신하 孟翼은 孟氏族이었다. 그 후 虞舜과 夏王 啓, 周 穆王에게는 모두 맹씨 성의 신하가 있었다.

② 희성姬姓에서 기원

두 갈래로 나눌 수 있다.
첫째, 춘추시대 魯 桓公의 서장자 경보(慶父)는 원래 仲孫氏로 칭하였으며, 차례로 莊公과 장공의 아들 愍公을 죽여 나라를 혼란에 빠뜨리자 백성들이 격분하였다. 경보가 마침내 다른 나라로 도망치자, 남아 있던 仲孫氏들이 孟孫氏로 바꿔 불렀다. 그 후대들이 孟孫을 성으로 삼았다가 곧바로 글자를 줄여 孟氏로 부르게 되었다.
둘째, 춘추시대 衛 襄公의 아들 집(縶)은 字가 公孟이었다. 이에 그의 후손들은 公孟을 성으로 삼았다가 뒤에 글자를 줄여 孟姓이 되었다.

③ 외족의 개성

　金나라의 女眞人 扶撚氏와 淸나라 滿洲族 八旗의 墨爾哲勒氏·墨爾迪勒氏·盟佳氏·穆顔氏·墨克勒氏 등이 뒤에 모두 중국성인 맹성으로 고쳤다.

군망(郡望) : 平昌郡.

역사상 주요 인물

【孟軻】 맹자, 전국시대 사상가, 亞聖.《맹자》를 남김.
【孟喜】 서한 학자.
【孟光】 동한 才女.
【孟獲】 삼국 蜀漢 때 夷族의 영수. 七縱七擒의 고사를 남김.
【孟浩然·孟郊】 당대 시인.
【孟知祥】 오대 後蜀 국왕.
【孟珙】 남송 명장.
【孟夢恂】 원대 학자.

맹자(B.C.372~289)

孟子(孟軻) 夢谷 姚谷良(그림)
"老吾老以及人之老, 幼吾以及人之幼."

095
平(Píng): 평

> 平 장강 삼각주 지역에 집중적으로 분포되어 있음.

원류

① 영성嬴姓에서 기원

춘추시대 제나라 공족 대부 중에 晏弱이 있었는데 이는 陸終의 후예로써 그 아들 晏嬰(晏子)의 자가 平仲이었으며 재상으로 유명하였다. 그 지손의 서손들이 그 자를 성씨로 삼은 것이다.

② 희성姬姓에서 기원

전국시대 韓(姬姓)나라 哀侯의 아들 婼이 平邑(지금의 山西 臨汾市)에 봉을 받았다. 한나라가 진시황에게 망한 뒤 그 족인들이 下邑(지금의 安徽 湯山縣)으로 옮겨 살면서 원래의 봉읍이었던 '平'자를 성씨로 삼은 것이다.

군망(郡望) : 河內·河南郡.

역사상 주요 인물

【平當】서한 승상.
【平鑒】북조 北齊 都官尚書令.
【平顯】명대 才子.
【平安】명대 장군.
【平疇】청대 시인.

096
黃(Huáng): 황

> 黃 중국 10大姓의 하나. 2,700여만 명(현재 중국 전체 인구의 약 2.2%). 주로 廣東, 廣西 지역에 집중적으로 분포함.

[원류]

① 영성嬴姓에서 기원

상고시대 少昊 金天氏의 후예인 伯益이 禹의 치수사업을 도와 공을 세워 嬴姓을 얻었다. 伯益이 활동하던 東夷部落은 지금의 山東 萊蕪 일대로써, 그 중 黃夷는 그곳 嬴성의 한 지파였다. 東夷의 세력이 강대해져 서쪽 중원으로 진출할 때, 黃夷 역시 이를 따라 이동하여 지금의 하남의 황하 양안(河南 新鄭과 密縣 일대)에 정착하였다. 夏나라 때 이르러 黃夷의 일부가 하남 黃水로부터 북쪽의 汾川(지금의 山西 絳縣 서쪽 橫水 일대)으로 옮겨 黃나라를 세웠다. 춘추 초기 이 黃나라가 晉나라에게 망하자, 그 자손들이 멸망한 나라의 이름을 성으로 삼은 것이다. 그러나 이 황씨들은 진나라 대부 黃淵 이외에는 그 이름이 기록에 나타나지 않는다. 한편 하남 황수에 남아있던 황씨들은 점차 남하하여 상나라 중기에 淮河 상류의 大別山 북쪽(지금의 河南 潢川縣 서쪽)에 黃나라를 건립하였다. 춘추시대 이 黃나라가 楚 成王에게 망하자, 그 왕족과 후손들은 사방으로 흩어지면서 망한 나라이름을 성으로 삼았다. 이들은 河南과 湖北의 넓은 땅에서 번창하여 지금 황씨의 주요 姓源이 되었다.

② 외성, 외족의 개성

상고시대에 '王'과 '黃'이 동음이었기 때문에 왕성들이 황성으로 고쳐 성으로 삼은 경우가 있으며, 또 陸성들이 黃姓(浙江 富陽黃氏 시조인 黃公望)으로 고친 경우도 있다. 그리고 巫성들도 황성(南宋 理宗의 公主 駙馬인 巫雙瑞의 후손들)으로 고쳤으며, 吳성들 역시 황성(桐城謝河의 시조 黃全三)으로 고쳤고, 金성들 역시 황성(崇仁 棠溪 시조 黃細二)으로 고쳤다. 范성들도 황성(邵武사람 黃治)으로 고쳤으며, 丁성 등도 황성(元나라 丁應復의 아들 이름이 黃潜임)으로 고쳤다. 그 외에도 고대 武陵의 溪族과 峒人들, 그리고 지금의 僮族·土家族 등의 소수민족 중에 황성을 지닌 사람들이 있다. 이들 모두는 전국시대에 남하하여 강남의 南蠻族 지역에 정착하였던 옛 黃나라 유민의 후손들이다.

군망(郡望) : 江夏·會稽·零陵·巴東·西郡·江陵·河南·濮陽·東陽郡.

역사상 주요 인물

【黃歇】전국 楚나라 상국 春申君. 戰國四公子의 하나.
【黃石公】진말 명사.
【黃霸】서한 명신.
【黃香】동한 명신.
【黃忠】삼국 蜀漢 장군.
【黃蓋】삼국 東吳 장군.
【黃巢】당말 농민군 수령.
【黃庭堅】북송 문학가.
【黃公望】원대 화가.
【黃宗義】명말 사상가.
【黃愼】청대 화가. 揚州八怪의 하나.
【黃龍士】청대 바둑 國手.
【黃景仁】청대 시인.
【黃遵憲】청말 정치가, 시인.

097
和(Hé): 화

 주로 河南省 중남부 일대에 분포함.

[원류]

① 관직 이름에서 기원

堯임금 때 祝融氏 重黎의 후예 중 羲和가 天文四時를 관장하였다. 그 후손이 조상의 관직 이름에서 '和'자를 성씨로 삼은 것이다.

② 변씨卞氏에서 기원

춘추시대 楚나라 卞和가 荊山에서 璞玉을 주워 이로써 이름이 나게 되었다. 그 지손의 후예가 조상의 이름에서 和자를 취하여 성씨로 삼은 것이다.

③ 외족의 개성

北朝 後魏의 素和氏는 본래 鮮卑族 檀石槐의 지손으로 中原에 들어온 뒤 중국식으로 和씨를 성씨로 삼게 되었다.

군망(郡望) : 汝南郡.

역사상 주요 인물

【和洽】삼국 魏나라 太常.
【和嶠】서진 중서령.
【和凝】오대 後周 太子太傅.
【和峴】북송 학자.
【和素】청대 학자.

098
穆(Mù): 목

穆 주로 黑龍江, 靑海, 貴州 등지에 분포함.

> 원류

① 조상의 시호에서 기원

周나라 이래 왕공 제후에게 흔히 '穆'이라는 시호를 많이 사용하였으며, "덕을 베풀고 의를 고집하며 가슴에 품은 뜻이 표정에 나타남"(布德執義, 中情見貌)의 뜻이다. 아울러 현량하고 덕이 있으며 순박하고 온화함을 뜻하기도 한다. 이러한 '穆'자를 넣어 시호를 가졌던 사람으로 姬姓의 晉穆侯, 燕穆侯, 蔡穆侯, 鄭穆公, 衛穆公, 魯穆公 등이 있으며, 嬀姓으로는 陳穆公, 子姓으로는 宋穆公, 羋姓으로는 楚穆王 등 수없이 많다. 이들의 후손이 그 조상의 시호를 취하여 성으로 삼은 것이다.

② 외족의 개성

北朝 後魏의 鮮卑族 8族 중 丘目陵氏가 중원으로 들어온 뒤 '目'과 같은 음의 '穆'자를 써서 성씨로 삼았다.

군망(郡望) : 河南·汝南郡.

역사상 주요 인물

【穆生】 서한 楚元王 中大夫.
【穆顗】 북조 後魏 尙書.
【穆修己】 당대 시인, 화가.
【穆修】 북송 문학가.
【穆相】 명대 沂水令.

099
蕭(Xiāo): 소

> 蕭 중국 50大姓의 하나. 700여만 명(현재 중국 전체 인구의 약 0.59%). 주로 長江 중류, 상류에 집중적으로 분포함.

원류

① 영성嬴姓에서 기원

少昊 金天氏의 후예 伯益이 禹의 치수사업을 도와 공을 세워 嬴姓을 얻었으며, 그 후손 孟夸가 蕭(지금의 安徽 蕭縣 서북)에 봉을 받았다. 이 蕭國이 서주 초에 망하자 그 후손이 흩어지면서 나라 이름을 성씨로 삼은 것이다. 그 한 지파는 지금의 江西 樟樹市 서남 蕭水로 옮겨갔고, 일부는 서쪽 湖南 湘江 상류 瀟水로 이주하였으며, 또 일부는 동쪽 지금의 浙江 蕭山縣으로 이동하였다.

② 자성子姓에서 기원

춘추시대 宋(子姓) 戴公의 후예 大心이 南宮長萬의 내란을 평정한 공로로 桓公 때 蕭(지금의 安徽 蕭縣)에 봉을 받아 蕭叔이라 불렸다. 춘추 말 이 소국이 楚나라에게 망하자 그 자손이 나라 이름을 성씨로 삼은 것이다.

③ 외족의 개성

遼代 거란족 拔里氏와 乙室已氏가 성을 바꾸었고, 回鶻族의 述律氏, 奚族의 石抹氏 등이 집단적으로 蕭姓을 취하여 요나라 제일의 성씨가 되었다. 청대 滿洲族 八旗의 舒穆祿氏의 일부와 伊喇氏 모두가 소성으로 바꾸었다. 이들 후손은 모두 한족으로 융화되었다.

④ 蕭姓과 肖姓

지금 '蕭'자를 줄여 '肖'자로 표기하는 이들이 있어 두 성씨로 분화되고 있다.

군망(郡望): 蘭陵郡.

역사상 주요 인물

【蕭何】 서한 명재상.
【蕭望之】 서한 승상.
【蕭道成】 남조 齊나라 高祖.
【蕭衍】 남조 梁 武帝.
【蕭統】 昭明太子, 문학가, 《昭明文選》 찬집.
【蕭瑀】 당초 대신.
【蕭太后】 遼나라 태후.
【蕭思溫】 遼나라 대신.
【蕭德藻】 남송 시인.

萧何《三才图会》

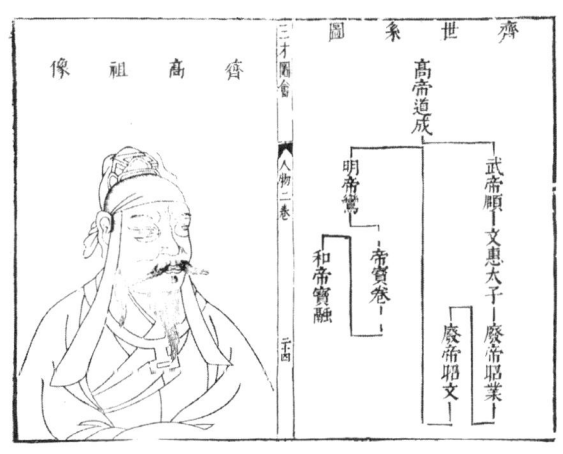

齐高祖《三才图会》

100
尹(Yǐn): 윤

중국 100大姓의 하나. 230여만 명(현재 중국 전체 인구의 약 0.19%). 주로 호남, 호북, 사천 지역과 동북 일대에 널리 분포함.

원류

① 영성嬴姓에서 기원

少昊 金川氏가 嬴성이었다. 그 아들 殷이 工正이 되어 尹城(지금의 山西 隰縣 동북)에 봉해져 尹殷이라 불렸다. 그 자손들이 봉토 이름을 성씨로 삼아 尹姓이 되었다. 또 少昊의 후손 壽는 堯임금 때 師尹(모든 관리의 수장)의 관직을 맡았다. 그 후손들이 조상의 관직 이름을 성으로 삼아 嬴姓尹氏의 한 지파가 되었다.

② 희성姬姓에서 기원

西周 초기에 姬姓으로써 제후로 봉해진 사람 중 尹(지금의 河南 宜陽縣 서북쪽)나라가 있었다. 뒤에 나라가 망하여 그 땅이 鄭나라로 속하자, 그 후손들이 망한 나라 이름을 성으로 삼은 것이다.

③ 혜성兮姓에서 기원

西周 宣王 때 吉甫가 師尹이 되었다. 길보의 원래 성은 兮씨였으며

이름은 甲이었다. 역사 기록에는 흔히 尹吉甫라 표기한다. 그 후손들 역시 조상의 관직 이름을 따라 성으로 삼아 兮姓尹氏가 되었다.

④ 사성姒姓에서 기원

西周 초기 蔣나라가 姒姓의 沈나라를 멸망시키자 심나라 임금은 남쪽 楚나라 땅 沈鹿(지금의 湖北 鍾祥市의 동쪽 大洪山 기슭)으로 도망하였다가 뒤에 楚나라 令尹이 되었다. 이에 그 자손들이 조상의 관직 이름을 따라 성씨를 삼았다.

군망(郡望) : 天水郡.

역사상 주요 인물

【尹吉甫】서주 대신.
【尹文】전국 사상가.《尹文子》찬술.
【尹敏】동한 학자.
【尹洙】북송 학자.
【尹昊】명대 大學士.
【尹繼善】청대 대신.

101
姚(Yáo)：요

> 姚 중국 80大姓의 하나. 420여만 명(현재 중국 전체 인구의 약 0.35%). 주로 四川, 浙江 등지에 분포함.

[원류]

① 규성嬀姓에서 기원

　순임금이 지금의 산서 영제시 규수 근처에 살아 규성을 얻게 되었으며, 그가 태어난 곳이 姚墟(지금의 하남 복양)이어서 요성을 얻게 되었다 한다. 이 요성의 후예가 嬀, 虞(吳), 胡, 陳, 田, 王 등 6개 성으로 분화되었다.

② 외족의 개성

　晉代 羌族 수령이었던 姚大仲은 본래 漢代 西羌 燒當族의 후손이다. 그가 中原으로 들어와 자칭 舜임금의 후손이라 하면서 성을 姚씨로 바꾸었다. 그 아들 姚萇이 長安에 五胡十六國 중의 하나인 後秦을 건국하였다. 한편 청대 만주족 팔기 중 耀佳氏와 納喇氏 등의 일부가 집단적으로 姚씨로 성을 바꾸었다.

[군망(郡望)] : 吳興郡.

역사상 주요 인물

【姚萇】십륙국 後秦 황제.
【姚思廉】당대 사학가.
【姚崇】당대 명재상.
【姚合】당대 시인.
【姚樞】원대 명신.
【姚燧】원대 문학가.
【姚廣孝】명대《永樂大典》찬수자.
【姚際恆】청대 학자.
【姚鼐】청대 산문가.

102
邵(shào) : 소

> 邵 중국 100大姓의 하나. 300여만 명(현재 중국 전체 인구의 약 0.24%). 주로 華東 沿海 지역과 甘肅 河西走廊 지역에 널리 분포함.

(원류)

① 소씨召氏에서 기원

　　商나라 武丁임금 때 지금의 河南 鄢城縣 동쪽의 召陵 일대에서 활동하던 黃帝族의 召方은 상나라 군대의 정벌을 피하여, 서쪽 渭河와 涇水 사이의 召陳(지금의 陝西 鳳翔 동남) 땅으로 옮겨갔다. 그리하여 西周 초에 서주에 귀순하자 그 부락 사람들은 召를 성으로 삼았다.

② 희성姬姓에서 기원

　　商나라 말, 周 文王은 서자 姬奭을 召陳 땅에 봉하여 그를 召公奭이라 불렀다. 周 武王이 상나라를 멸한 뒤, 召나라를 召亭(지금의 河南 濟源 서쪽)으로 옮겼다. 뒤에 召公奭의 큰아들 轉이 燕 땅에 봉해졌고, 濟源에 남아 있던 둘째 아들은 그대로 召公으로 불렸으며, 셋째 아들은 伏牛山 동쪽 끝의 南召로 옮겼는데 이를 구별하기 위해 제원의 소공을 北召라 하였다. 춘추 초, 南召는 楚나라에 병합되었고, 陝西의 소나라는 秦나라에게 망하였다. 춘추 후기에 이르러 召簡公이 周나라 왕실의 다툼에 휘말려 피살 당하고 소나라는 망하고 말았다. 이에 사방으로 흩어진 그 백성들이 망한 나라의 이름을 성으로 삼은 것이다. 또 전국 말기에 燕나라가 秦나라에 의해 멸망당하자, 연나라의 후손들은 각지로 흩어져 살았으며, 그 중 몇몇 사람이 그 조상들이 원래 봉해진 '召'지명을 성으로 삼게 된 것이다.

③ 召氏와 邵氏

'召'와 '邵'는 고대에 통용되던 글자였는데, 일반적으로 漢나라 이전의 史書에는 '召'로 표기한 경우가 많았으며, 삼국시대 이후에는 '邵'를 많이 사용하였다. 河南의 汝南과 安陽 일대의 召姓들이 제일 이른 시기에 邵姓으로 고쳐 사용했다. 지금은 召와 邵를 습관상 두 성으로 사용하고 있지만 邵姓이 더 많다.

군망(郡望) : 博陵郡.

역사상 주요 인물

【邵續】 晉나라 학자.
【邵雍】 북송 이학가.
【邵興】 남송초 장수.
【邵寶】 명대 학자.
【邵彌】 명대 화가.
【邵晉涵】 청대 사학가.
【邵懿辰】 청대 학자.

邵雍(康節) 《三才圖會》

103
湛(zhàn): 잠

湛 주로 四川 등지에 분포함.

원류

① 사성姒姓에서 기원

夏나라 초기 동성의 제후 중에 斟灌氏가 있었으며 그들의 근거지는 지금의 山東 壽光市 동북 斟灌店이었다. 太康이 나라를 잃자 짐관씨 나라는 東夷族의 공격을 받아 멸망하고 말았다. 이에 그들은 화를 피하기 위하여 '斟'자와 '灌'자에서 각기 '甚'과 'ㆍ'를 떼어 글자를 만들어 '湛'씨가 되었다.

② 지명에서 기원

춘추시대 湛(지금의 河南 寶豐 일대)에 살던 사람들이 지명을 취하여 성씨로 삼은 것이다. 한편 이 '湛'자는 물 이름으로써 하남 보풍현 동남에서 발원하여 동쪽 襄城縣에 이르러 北汝河로 들어간다.

군망(郡望): 豫章郡.

역사상 주요 인물

【湛重】한대 大司農.
【湛賁】당대 시인.
【湛兪】북송 屯田郎中.
【湛若水】명대 학자.

104
汪(Wāng): 왕

> 汪 중국 80大姓의 하나. 540여만 명(현재 중국 전체 인구의 약 0.38%). 주로 安徽, 湖北 등지에 널리 분포함.

원류

① 칠성漆姓에서 기원

舜임금 때 釐姓의 防風氏 부락이 지금의 浙江 武康 일대에 활동하다가 뒤에 그 임금이 禹에게 죽음을 당하였다. 이에 그 부락이 북쪽으로 이동하여 지금의 浙江 湖州 일대 산중으로 들어갔다. 商代 이들을 汪芒氏(汪罔氏)라 불렀으며 漆姓이 되었다. 전국시대 楚나라가 越을 멸하자 왕망씨 역시 망하고 말았으며, 이들이 지금의 安徽 歙縣 일대로 도망하여 汪氏라 불렀다. 이들이 지금 왕씨의 가장 큰 족원이다.

② 희성姬姓에서 기원

춘추 후기 魯(姬姓) 桓公의 서자 滿이 汪(지금의 山東 경내) 땅에 봉해져 그 자손이 식읍 이름을 성씨로 삼은 것이다. 한편 魯 成公의 지손 서자가 汪邑에 봉해져 역시 이들도 왕씨를 성으로 삼았다.

③ 영성嬴姓에서 기원

전국시대 秦(嬴姓)나라 임금의 지손 서자가 汪國(지금의 山西 臨猗縣 서남 臨晉 古城)에 봉하졌으나 뒤에 魏 文侯에게 망하자, 그 나라 사람들이 나라 이름을 성씨로 삼은 것이다.

④ 외성, 외족의 개성

宋初 福建 泉州 사람 翁乾度가 여섯 아들을 낳아 각각 성씨(洪, 江, 翁, 方, 龔, 汪)를 부여하였는데 그 중 翁處休가 汪處休로 성을 바꾸었다. 이 여섯 아들은 모두 재능이 있어 진사에 올랐으며, 당시 '六桂聯芳'이라 칭송을 받아 그 옹처휴의 자손이 당호를 '六桂堂'이라 할 정도였다. 한편 金代 女眞족의 古里申氏와 汪古氏, 원대 汪古部, 청대 만주 팔기의 瓜爾佳氏, 完顏氏 등이 모두 汪姓으로 바꾸었다.

군망(郡望) : 平陽郡.

역사상 주요 인물

【汪文和】 동한 會稽令.
【汪華】 당대 歙州刺史.
【汪藻】 남송초 문학가.
【汪元量】 남송말 시인.
【汪大淵】 원대 항해가.
【汪昻】 청대 명의.
【汪中】 청대 학자.
【汪琬】 청대 산문가.
【汪士愼】 청대 서화가, 揚州八怪의 하나.

105
祁(Qi): 기

祁　주로 江蘇 일대에 집중적으로 분포함.

[원류]

① 軒轅氏에서 기원

黃帝의 25명 아들 중 한 명이 祁성을 얻었으며 이름은 祁豹였다.

② 陶唐氏에서 기원

堯임금은 陶唐氏였으나 달리 '伊祁氏'로도 불렸다. 그 자손들이 伊祁를 성으로 삼았다가 뒤에 글자를 줄여 祁를 성으로 삼았다.

③ 희성姬姓에서 기원

춘추시대, 晉나라 獻侯의 4세손인 奚가 祁邑(지금의 山西 祁縣)을 食邑으로 얻어 祁奚라 불렸다. 그 자손들이 그 봉토를 성으로 삼았으며 또 다른 기성의 기원이 되었다.

④ 관직명에서 기원

周代 관직 중에 기보(祈父, 혹은 圻父)라는 직책은 변경의 군사들을 배치하는 일을 관장하였다. 그 자손들이 조상의 관직 이름을 성씨로 삼은 것이다.

⑤ 외족의 개성

土族의 祈嘎阿寅勒氏와 滿族의 奇德里氏 등이 뒤에 모두 중국식 성인 祁姓을 택하여 성으로 삼았다.

군망(郡望) : 太原·扶風郡.

역사상 주요 인물

【祁奚】 춘추 晉나라 대부.
【祁午】 춘추 晉나라 軍尉.
【祁宰】 金나라 명의.
【祁爾光】 명대 학자.
【祁韻士】 청대 학자.
【祁俊藻】 청대 軍機大臣.

106
毛(Máo): 모

> 毛 중국 100大姓의 하나. 320여만 명(현재 중국 전체 인구의 약 0.27%). 주로 浙江, 廣西, 四川, 湖南 등지에 분포함.

원류

① 의성依姓에서 기원

黃帝의 25명 아들 중에 依姓을 얻은 자가 있었는데 그 몸에 털이 많아 毛部落으로 불렸다. 夏나라부터 商나라 말기까지 이 모부락은 원래 毛目(지금의 甘肅 金塔縣 북쪽)에 거주하였다가 지금의 甘肅 天水를 거쳐 陝西 岐山·扶風 일대로 옮겨 살게 되었다. 그러다가 周 文王이 자신의 아우를 이 땅에 봉하여 毛國을 건립하자, 依姓毛人들은 다시 동쪽으로 이동하여 河南 서쪽의 毛泉(지금의 河南 宜陽縣 동북)으로 옮겨갔다. 周 武王이 殷을 멸한 뒤 다시 그 아들을 이곳에 봉하여 毛國을 또 다시 세우자, 의성모씨들은 다시 동남쪽으로 이동하여 지금의 浙江 臨淮 일대로 옮겨갔다. 이 지파의 모성은 뒤에 기록이 없으며 姬姓毛氏에게 융합된 것으로 보고 있다.

② 희성姬姓에서 기원

두 갈래로 나눌 수 있다.

첫째, 周 文王이 그 아들 叔鄭을 毛(지금의 陝西 岐山·扶風 일대)에 봉하여 毛公이라 불렀다. 청대 발견된 毛公鼎은 바로 이곳의 유물이다. 그 뒤 후손들이 나라 이름을 성씨로 삼은 것이다.

둘째, 周 武王이 그 아들 明을 毛(지금의 河南 宜陽縣 동북)에 봉하여 모백명이라 불렀다. 모백명은 周 成王의 六卿 중 하나였으며, 그 자손은 대대로 주나라 卿이 되었다. 춘추 말 毛伯捲이 주실 왕위 쟁탈전에 휘말렸다가 남쪽 楚나라로 도망하여 모나라는 멸망하고 말았다. 이에 그 자손들이 나라 이름을 성씨로 삼은 것이다.

③ 외족의 개성

三國 東吳의 皖南(安徽 남쪽) 越族에 毛姓이 있었으며, 동진말 西南夷의 南中 大族에도 모성이 있었다. 그리고 五胡十六國의 前秦에 渭北 氏族으로 모성이 있었으며, 西夏 党項族에도 모성이 있었다. 그런가 하면 金代 女眞族에도 역시 모성이 있었다.

군망(郡望) : 西河·滎陽郡.

역사상 주요 인물

【毛遂】전국 趙나라 平原君 문객.
【毛亨】서한초 학자. 大毛公.
【毛萇】서한 학자. 小毛公, 《詩經》 전수.
【毛玠】삼국 魏 명신.
【毛嵩】당대 화가.
【毛晉】청대 장서가.
【毛奇齡】청대 경학가, 문학가.
【毛庚】청대 화가.

107
禹(Yǔ): 우

禹 　주로 山東, 河南, 浙江 등지에 분포함.

(원류)

① 사성姒姓에서 기원

　우임금이 순임금을 도와 홍수를 다스린 공로로 부락 연맹의 영수가 되었는데, 그 지손의 후예가 조상의 이름을 성으로 삼은 것이다.

② 운성妘姓에서 기원

　춘추시대 妘姓의 子爵 鄅國(지금의 山東 臨沂市 북쪽)이 있었는데, 楚나라의 부용국이 되어 鄅子라 불렸다. 뒤에 魯나라에 병탄되자 그 유민들이 나라 이름에서 'ß'부를 제하고 성씨로 삼은 것이다.

(군망(郡望)): 隴西郡.

역사상 주요 인물

【禹萬誠】남조 宋 常州刺史.
【禹顯】金代 節度使.
【禹祥】명대 知縣.
【禹之鼎】청대 화가.

108
狄(Di): 적

 주로 北京, 陝西 등지에 집중적으로 분포함.

[원류]

① 고대 적족狄族에서 기원

서주시대 狄族은 주로 齊·魯·晉·衛 등지에 활동하였으며, 이들이 민족 이름을 성씨로 삼은 것이다.

② 희성姬姓에서 기원

周 武王이 어린 아우를 狄城(지금의 河南 正定縣)에 봉하였으며, 그 후손이 나라 이름을 취하여 성씨로 삼았다.

③ 강성姜姓에서 기원

염제 신농씨의 姜姓 후예로 孝伯이 參盧에 살아 參盧氏라고도 불렸다. 그 씨족이 周 成王의 외삼촌이 되어 狄城(지금의 山東 高靑縣 동남, 혹 山東 博興縣 서남이라고도 함)에 봉하여졌다. 고대 '孝'와 '考'는 서로 가차하여 사용하였으므로 孝伯을 考伯으로도 불렀다. 이 나라가 망한 뒤 백성들이 나라 이름을 성씨로 삼은 것이다.

④ 외족의 개성

　北朝 後魏 때 서북 回鶻族 高車氏 중에 일부가 분화하여 狄姓이 되었으며, 唐代 契丹장수 楊隱이 항복하여 唐 昭宗으로부터 '狄懷忠'이란 이름을 하사받아 그 후손이 이에 狄자를 성씨로 삼았다.

군망(郡望): 天水郡.

역사상 주요 인물

【狄仁傑】당대 명신.
【狄道】당대 학자.
【狄光嗣】당대 刺史.
【狄靑】북송 장군.
【狄大晨】청대 화가.

狄仁傑《三才圖會》

109
米(Mǐ): 미

 湖南, 山西에 집중적으로 분포함.

원류

① 미성芈姓에서 기원

춘추시대 楚나라의 芈姓이 望族이었는데 '芈'자의 윗부분이 '米'와 비슷하고 음도 유사하여 芈姓의 일부 지파가 米姓으로 바뀐 것이다.

② 西域 米國에서 기원

隋唐 때 서역 '昭武九族' 중에 米國(지금의 우즈베키스탄 사마르칸트) 사람들이 중국에 이주한 이들이 많았는데 이들이 중국식 성씨를 취하면서 고국의 나라 이름을 성으로 삼은 것이다. 五代 이후에는 이들은 중국인에게 거의 동화되었다.

군망(郡望) : 京兆 · 隴西郡.

역사상 주요 인물

【米志誠】오대 吳 泰寧軍節度使.
【米芾·米友仁】부자 모두 북송 서화가.
【米萬鍾】명대 서화가.
【米漢雯】청대 서화가.

米芾(元章)《三才圖會》

110
貝(Bèi): 패

 지금 산동 등지에 집성촌을 이루고 있음.

원류

① 희성姬姓에서 기원

西周 召公 강(姬康)이 薊에 봉을 받았는데 그 支孫의 庶子가 郥邑(지금의 河北 鉅鹿縣)을 채읍으로 받아 燕나라의 附庸國이 되었다. 그 후손들이 채읍의 지명 글자에서 邑(阝) 편방을 제거하고 성으로 삼은 것이다.

② 지명에서 기원

先秦 때 대대로 貝丘(지금의 山東 博興縣 동남)에 살던 이들이 그 지명을 취하여 성으로 삼은 것이다.

군망(郡望): 淸河郡.

역사상 주요 인물

【貝俊】당대 화가.
【貝欽世】송대 江陰知縣.
【貝瓊】명대 문학가.
【貝泰】명대 大學士.
【貝靑喬】청대 시인.

111
明(Ming): 명

> 明 주로 湖北, 湖南 등지에 분포함.

[원류]

① 초명씨譙明氏에서 기원

고대 燧人氏의 '四佐' 중 하나였던 明由는 초명씨의 후손으로, 그 후손이 역시 조상의 이름을 취하여 성씨로 삼았다.

② 희성姬姓에서 기원

춘추시대 虞國 공족의 후예이며 秦나라 승상이었던 五羖大夫 百里奚의 아들 視는 자가 孟明으로 秦나라 장군이 되어 孟明視로 불렸다. 그 자손이 맹명시의 자를 성씨로 삼은 것이다.

③ 외성, 외족의 개성

北朝 後魏 鮮卑族의 壹斗眷氏(一斗眷氏)가 중원으로 들어와 성을 明씨로 하였다. 그리고 元末 紅巾軍의 수령 明玉珍은 본래 旻氏였으나 明敎를 신봉하여 성을 明씨로 바꾸었으며 그 자손들이 그 성을 따랐다.

군망(郡望) : 吳興・平原郡.

역사상 주요 인물

【明僧紹】남조 齊 隱士.
【明山賓】남조 梁 東宮學士.
【明亮】북조 後魏 陽平太守.
【明安圖】청대 數學家.
【明辰】청대 화가.

112
臧(Zāng): 장

臧 주로 浙江省에 많이 분포함.

원류

姬姓에서 유래되었으며, 다시 두 파로 나눌 수 있다.

① 춘추시대 魯 孝公의 아들 彄가 臧邑(지금의 山東 棲霞市 동북)에 봉을 받아 臧彄라 불렀으며, 그 후손들이 봉읍을 성씨로 삼은 것이다.

② 魯 惠公의 아들 欣의 자가 子臧이었는데, 그 후손들이 그의 자를 성씨로 삼은 것이다.

군망(郡望) : 東海郡.

역사상 주요 인물

【臧洪】한대 東郡太守.
【臧質】남조 宋 刺史.

【臧榮緖】남조 齊 사학가.
【臧中立】북송 명의.
【臧性】명대 서예가.

113
計(Ji): 계

計 주로 陝西, 上海 등지에 분포함.

(원류)

① 사성姒姓에서 기원

夏나라 후기에 商나라 사람으로 計(지금의 山東 膠縣 서남)에 봉을 받은 자가 있었는데, 西周 초에 망하고 말았다. 그러자 그 유민들이 나라 이름을 성으로 삼은 것이다.

② 소호씨少昊氏에서 기원

서조 초 주 무왕에 소호씨의 후손을 찾아 莒(지금의 山東 莒縣)에 봉하여 計斤(山東 膠縣)을 도읍으로 정하였다.(《左傳》에는 '介根'으로 되어 있음) 그 뒤 그 후손들이 이 지명을 성씨로 삼은 것이다.

③ 희성姬姓에서 기원

춘추시대 晉(姬姓)나라 공자 辛然이 越나라에 와서 대부가 되었는데 그를 달리 '計然'이라 불렀다. 그 후손이 그 조상의 이름을 취하여 성씨로 삼은 것이다.

군망(郡望) : 齊郡・京兆郡.

역사상 주요 인물

【計然】춘추 越나라 모사.
【計訓】한대 司空掾.
【計衡】남송초 어사.
【計禮】명대 刑部侍郎.
【計楠】청대 화가.

114
伏(Fú): 복

 湖南省에 주로 분포함.

[원류]

① 風姓에서 기원

고대 太昊 伏羲氏(風姓)의 후손들이 伏羲氏의 첫 '伏'자를 취하여 성씨로 삼았다.

② 외성·외족의 개성

北朝 侯植은 무예가 뛰어나 魏 孝武帝의 총애를 받아 侯伏氏라는 성을 하사받았다. 그 후복씨가 다시 魏 孝文帝를 섬겨 沙苑을 대파한 공로로 이번에는 賀屯氏라는 성을 하사받았다. 그 때문에 후식의 후손들이 후복씨와 하둔씨 두 지파로 나뉘게 되었고, 다시 위 효문제가 洛陽으로 천도한 뒤에 侯伏氏는 그대로 伏姓을 썼고 賀屯氏는 賀姓을 쓰게 되었다.

[군망(郡望)] : 太原·高陽郡.

[역사상 주요 인물]

【伏勝】서한초 학자.
【伏理】서한 학자.
【伏滔】동진 遊擊將軍.
【伏晅】남조 梁 학자.
【伏挺】남조 梁 侍御史.

115
成(Chéng): 성

 주로 陝西 일대에 집중적으로 분포함.

원류

① 자성子姓에서 기원

서주 초 商 왕족의 微子啓가 宋(지금의 河南 商丘市)에 봉을 받았으며, 그 서손 지손 중에 이름이 苦成子인 자가 있었다. 그 후손이 조상의 이름에서 글자를 취하여 성씨로 삼았다.

② 희성姬姓에서 기원

세 갈래로 나눌 수 있다.

첫째, 서주 초 周 武王이 그 아우 叔武를 郕(지금의 山東 寧陽縣 동북) 땅에 봉하여 나라를 세워 주었다. 그 후손이 'ß'부를 제하고 '成'자를 성씨로 삼았으며 지금 성씨의 가장 큰 姓源이 되었다.

둘째, 주 성왕이 역시 왕족 季戴를 郕(지금의 河南 范縣 濮城 북쪽) 땅에 봉하여 그 자손이 역시 나라 이름에서 'ß'부를 제하고 成자를 성씨로 삼은 것이다.

셋째, 周 文王의 백부가 泰伯과 虞仲이 吳나라 개국시조가 되었으며, 춘추시대 그 후손이 역시 成자를 성씨로 하였다.

③ 미성芈姓에서 기원

춘추시대 楚나라 임금 若敖의 아들 成虎가 있었으며, 그 후손이 楚나라 영윤이 되어 成 땅에 봉해져 성씨가 되었다.

④ 외족의 개성

五胡十六國 때 지금의 西北 지역에 활동하던 屠各人 중에 成씨가 있었으며, 南朝 宋나라 南蠻 西陽氏 중의 일파가 역시 成자를 성씨로 하였다. 현재 滿洲族, 朝鮮族(한국), 蒙古族에도 역시 成자를 성씨로 쓰고 있다.

군망(郡望) : 上谷郡.

역사상 주요 인물

【成連】 춘추 琴師.
【成回】 춘추 공자제자.
【成公】 서한 명사.
【成綏】 서진 中書郞.
【成公興】 북조 後魏 학자.
【成閔】 남송 節度使.

116
戴(Dài): 대

 중국 60大姓의 하나. 470여만 명(현재 중국 전체 인구의 약 0.39%). 주로 江蘇 일대에 집중적으로 분포함.

[원류]

① 자성子姓에서 기원

두 갈래로 나눌 수 있다.
첫째, 商王과 동성인 戴國(지금의 河南 蘭考縣 동남)이 서주 초 멸망하자, 그 나라 사람들이 나라 이름을 성씨로 삼게 되었다.
둘째, 서주 초 商나라 紂王의 서형 微子啓가 宋(지금의 河南 商丘市)에 봉지를 받아 商(殷)나라 제사를 잇게 되었다. 그 후손 宋 戴公이 인자하고 어질어 백성들로부터 존경을 받아 "萬民所仰曰戴"라는 시호법에 따라 戴公으로 불렸다. 그 후손 宋 宣公이 왕위를 아우 穆公에게 물려주고 자신은 조상의 시호를 따라 성씨를 戴씨로 선택하였다.

② 희성姬姓에서 기원

서주 초 周 武王이 子姓의 戴國을 멸망시킨 뒤 자신의 姬姓 동족을 그 戴 (지금의 河南 民權縣 동쪽) 땅에 봉하였다. 춘추시대 이 戴國이 鄭 莊公에게 망하자 그 자손이 나라 이름을 성씨로 삼은 것이다. 한편 이 유민 중에 일파는 남쪽 지금의 安徽 當塗市의 戴山으로 이주하였다.

③ 외성, 외족의 개성

　東漢 때 燕姓과 殷姓이 대씨로 바꾸었다. 그리고 殷姓은 원래 子姓에서 나왔으므로 子姓戴氏와는 실제 같은 원류인 셈이다. 그리고 淸代 滿洲族 八旗의 戴佳氏와 達爾充阿氏 등이 모두 성을 대씨로 하였다. 그 중 대부분은 한화되었고, 일부는 아벤키족(鄂溫克族)의 戴姓이 되었다.

군망(郡望) : 譙郡.

역사상 주요 인물

【戴德】서한 학자, 《大戴禮記》전수.
【戴聖】서한 학자, 대덕의 조카, 《禮記》전수.
【戴逵】서진 문학가.
【戴嵩】당대 화가.
【戴復古】남송 시인.
【戴表元】원대 문학가.
【戴進】명대 화가.
【戴震】청대 학자.
【戴名世】청대 사학가.

117
談(Tán): 담

주로 江蘇 일대에 분포함.

원류

① 자성子姓에서 기원

서주 초 微子啓가 건립한 宋나라가 36세를 지나 談君에 이르렀을 때 楚나라에게 망하고 말았다. 그 지손 서손이 그 임금의 이름을 성씨로 삼은 것이다.

② 영성嬴姓에서 기원

춘추시대 嬴姓에서 나온 한 지파가 譚子(지금의 山東 歷城縣 동남)로 봉해져 제나라 부용국이 된 자가 있었다. 이에 그 나라 사람들이 읍 이름을 성으로 삼아 譚氏라 하였다가 같은 음과 뜻인 談자로 표기를 바꾼 것이다.

③ 기성己姓에서 기원

少昊 金天氏(己姓)의 후손으로 郯(지금의 山東 郯城縣)에 봉해진 자가 있었다. 전국 초 이 나라가 楚나라에게 망하자, 그 나라 사람들이 나라 이름을 성씨로 삼았다가 뒤에 와전되어 談자를 성씨로 표기한 것이다.

④ 적씨籍氏

周나라 大夫로써 이름이 籍談인 자가 있었다. 그 후손이 조상의 이름에서 취하여 성을 삼은 것이다. 秦漢 교체기에 적성을 가졌던 사람들은 西楚霸王 項羽(項籍)의 이름을 피휘하여 역시 일부는 譚성으로 고쳤다.

군망(郡望) : 梁郡・廣平郡.

역사상 주요 인물

【談鑰】남송 학자.
【談一鳳】명대 학자.
【談倫】명대 湖州知府.
【談遷】청초 사학가.
【談炎衡】청대 화가, 시인.

118
宋(Sòng) : 송

 중국 30大姓의 하나. 1,000여만 명(현재 중국 전체 인구의 약 0.81%). 山東 지역에 주로 분포함.

원류

① 자성子姓에서 기원

商(子姓)의 왕족 후예들에 의해 이어가던 宋나라가 전국시대 이르러 齊나라에 멸망하자, 그 자손들이 나라 이름을 성으로 삼았으며 송씨의 가장 큰 원류가 되었다.

② 외족의 개성

五代 때 湘西의 沅陵 지역에 살던 辰溪蠻酋와 西夏國의 党項族 중에 이 宋氏로 성을 삼은 이들이 많았으며, 그 외에 淸代 만주족 八旗 중 嵩佳氏 역시 집단적으로 이 송씨로 개성하였다.

군망(郡望) : 京兆・西河郡.

【역사상 주요 인물】

【宋玉】 전국 楚 문학가.

【宋弘】 동한 명신.

【宋之問】 당대 시인.

【宋璟】 당대 명재상.

【宋庠·宋祁】 형제 모두 북송 문학가.

【宋敏求】 북송 학자.

【宋迪】 북송 화가.

【宋江】 북송말 의병군 수령.

【宋慈】 남송 법의학자.

【宋濂】 명대 문학가.

【宋應星】 명대 학자.

【宋琬】 청대 시인.

【宋恕】 청대 학자.

119
茅(Máo): 모

 주로 上海, 浙江, 江蘇 등지에서 자주 보이는 성씨임.

원류

◎ 姬姓에서 유래되었다. 周公의 셋째 아들이 茅(지금의 山東 金鄕縣)에 봉을 받아 茅叔이라 하였다. 뒤에 이 茅國이 鄒나라에게 병탄되어 소멸하자, 그 자손들이 나라 이름을 성씨로 삼은 것이다. 한편 '茅'성은 '茆'로도 표기하며 실제 같은 원류이다.

군망(郡望): 東海郡.

역사상 주요 인물

【茅焦】秦나라 諫官.
【茅盈】서한 방사.
【茅知至】북송 학자.
【茅大芳】명초 副都御史.
【茅鏞】명대 학자.

120
龐(Páng): 방

龐 주로 山東, 廣西 지역에 집중 분포함.

원류

① 高陽氏에서 기원

顓頊 高陽氏의 아들 8명을 '八凱'라 하였는데 그 중 하나의 이름이 龐降이었다. 그 후손들이 그 조상의 이름을 취하여 성으로 삼은 것이다.

② 姬姓에서 기원

西周 초 周 文王의 아들 畢公 고(姬高)의 후예 중에 한 支孫이 龐鄕에 봉을 받아 그 봉지를 성으로 삼은 것이다.

③ 外族의 改姓

청대 滿洲族 八旗 중의 龐佳氏가 첫 글자로써 성을 삼은 것이며, 그 외 지금의 土家족, 瑤族, 僮族, 蒙古族 중에 이 '龐'씨를 성으로 삼은 이들이 많다.

군망(郡望) : 始平郡.

역사상 주요 인물

【龐涓】전국 魏 명장.
【龐統】동한 劉備의 모신.
【龐孝泰】당 遼東行軍總管.
【龐蘊】당대 거사.
【龐籍】북송 재상.
【龐鍾璐】청대 尙書.

121
熊(Xióng): 웅

> 熊 중국 100大姓의 하나. 380여만 명(현재 중국 전체 인구의 약 0.32%). 주로 江西, 湖北, 湖南, 四川 등지에 분포함.

[원류]

① 희성姬姓에서 기원

黃帝(姬姓)가 일찍이 有熊(지금의 河南 新鄭市 일대)에 살아 有熊氏라고도 불렸다. 그 후손으로 웅자를 성씨로 삼은 자가 있으니, 이를테면 요임금의 신하 熊羆와 夏나라 초기 有窮后羿의 신하 熊髡 등이 그 예이다.

② 미성芈姓에서 기원

顓頊 高陽氏의 후손 陸終의 여섯째 아들 季連이 芈部落의 수령이 되어 楚地(지금의 河南 滑縣 일대)에서 활동하여 楚라고 불렸다. 하나라 때 이 芈부락은 熊山의 굴에 살아 穴熊氏라고도 불렸으며, 지금의 하남 중부 일대에 분포하였다. 뒤에 이들은 楚丘(지금의 河南 滑縣 동쪽)로 옮기면서 楚部落으로 불렸다. 商나라에 이르러 이 초부락은 상나라에 힘에 밀려 서쪽 渭河 유역의 荊山(지금의 陝西 大荔縣 동쪽 朝邑)으로 옮겨 荊楚라 불렸다. 商末 이 형초 부락의 수령 鬻熊이 周 文王의 스승이 되어 楚子로 작위를 받았으며, 아울러 朝邑에서 千陽의 楚山·楚水 일대로 옮겨 楚나라를 세웠다. 서주 초 육웅의 손자 鬻鐸이 荊에 봉해져 子爵의 초나라를 세웠다. 이에

그 후손들이 熊자를 성씨로 삼았다. 그 외에 河나라 때 혈웅씨의 일부가 분화하여 羅氏가 되어 상나라 초기 羅子國을 세운 적이 있었는데 周나라 때 楚나라의 속국이 되었다. 이 나라가 춘추시대에 이르러 楚나라에게 망하자 그 자손이 역시 熊자를 성씨로 삼았던 것이다.

군망(郡望) : 江陵郡.

역사상 주요 인물

【熊安生】 북조 齊 학자.
【熊朋來】 원대 문학가.
【熊大木】 명대 소설가.
【熊文燦】 명대 대신.
【熊廷弼】 명대 명신.
【熊賜履】 청대 大學士.
【熊伯龍】 청대 학자.

122
紀(Jì): 기

 주로 北京, 山東, 江蘇 등지에 분포함.

원류

① 강성姜姓에서 기원

서주 초 炎帝 神農氏의 후예가 紀(지금의 山東 壽光市 紀臺村)에 봉해져 紀侯라 불렸다. 춘추 시대 紀國이 같은 姜氏의 齊나라에게 망하자, 그 자손들이 자신의 나라 이름을 성씨로 삼은 것이다.

② 외성, 외족의 개성

唐代 효자 紀邁는 본래 舒씨성이었으나 뒤에 紀姓으로 바꾸었으며, 청대 滿洲族 八旗의 錫馬拉氏는 집단적으로 紀姓으로 바꾸었다. 그리고 白族의 한 지파는 닭(鷄)을 토템으로 하여 뒤에 漢化되면서 '鷄'와 음이 가까운 '紀'로 성씨를 삼았다.

군망(郡望) : 平陽・天水郡.

역사상 주요 인물

【紀昌】 춘추 射手.
【紀信】 서한 명장.
【紀瞻】 동진 尙書僕射.
【紀僧眞】 남조 齊 建威將軍.
【紀天錫】 金 명의.
【紀昀】 청대 대학사, 〈四庫全書〉 總纂官.
【紀映淮】 청대 여류시인.

紀昀(〈四庫全書〉 編纂 책임자)

123
舒(shū): 서

 주로 四川, 湖南, 江西, 湖北 등지에 분포함.

원류

① 임성任姓에서 기원

黃帝의 25명 아들 중 任姓을 얻은 자가 있었으며, 舒姓은 이 임성에서 분화된 것이다.

② 언성偃姓에서 기원

서주 초 주 무왕이 고대 현인 고요(皐陶, 偃姓)의 후손을 찾아 舒(지금의 安徽 舒城縣)에 봉하여 舒子(자는 公侯伯子男의 작위)라 불렀다. 춘추시대 이 舒나라 임금 舒子 平이 徐나라의 침략을 막지 못하여 망하고 말았다. 뒤에 이 舒國이 다시 세워졌으나, 춘추 말기 舒鳩子가 임금이었을 때 楚나라에게 망하고 말았다. 그 족인이 사방으로 흩어지면서 나라 이름을 성씨로 삼은 것이다.

그 외《世本》에 의하면 춘추시대 또 다른 舒子·舒鮑·舒鳩 등의 이름이 있었는데 모두 언성의 작은 나라였다고 한다.

③ 외족의 개성

청대 滿洲族 八旗의 舒穆祿氏·舒舒覺羅氏·舒佳氏 등과 시버족(錫伯族)의 舒穆爾氏 등이 뒤에 모두 漢式 舒姓으로 바꾸었다.

군망(郡望) : 京兆·鉅鹿郡.

역사상 주요 인물

【舒邵】 동한말 명사.
【舒元興】 당대 시인.
【舒璘】 북송 宜州通判.
【舒淸】 명대 布政史.
【舒芬】 명대 장원.
【舒赫德】 청대 武英殿大學士.

124
屈(Qū): 굴

 주로 湖南, 陝西 등지에 집중적으로 분포함.

원류

① 고대 굴씨屈氏에서 기원

고대 夏나라 초기 夏王 啓가 무리를 거느리고 屈驁를 토벌한 적이 있으며 이 굴오의 후예가 굴씨가 되었다.

② 미성羋姓에서 기원

춘추시대 초(羋姓) 武王의 아들 瑕가 莫敖라는 높은 지위에 올라 屈(지금의 湖北 秭歸縣 동쪽) 땅을 받아 屈瑕, 혹은 莫敖瑕라 불렀다. 그 후손이 그 봉지의 이름을 취하여 성씨로 삼았으며 뒤에 초나라의 중요한 성씨로 대시인 屈原은 그 후손이다.

③ 외족의 개성

北朝 後魏 鮮卑族에 屈男氏, 屈突氏가 있었는데 魏 孝文帝 때 모두 屈氏로 개성하였다. 그리고 청대 滿洲族 八旗 중에 역시 굴씨로 성을 바꾼 씨족이 있으며, 소수민족인 傈僳族 중에 薛饒時氏는 한족식 성으로 쓸 때 屈로 표기하고 있다.

군망(郡望) : 臨海·臨淮郡.

역사상 주요 인물

【屈原】 전국 楚나라 대부, 시인.
【屈晃】 삼국 東吳 尙書僕射.
【屈堅】 남송 忠州防禦使.
【屈大均】 청초 문학가.

屈原

125
項(Xiàng): 항

項 주로 湘(湖南), 鄂(湖北), 浙(浙江), 黔(貴州) 등지에 분포함.

원류

① 姬姓에서 기원

西周 때 왕족 중에 項(지금의 河南 項城縣 동북)에 봉해진 자가 있었는데, 춘추시대 齊 桓公에게 멸망(혹 魯 僖公에게 멸망하였다고도 함)하자, 그 후손들이 나라 이름을 성으로 삼은 것이다.

② 미성芈姓에서 기원

춘추시대 楚나라 公子 燕이 옛 項國의 땅에 봉을 받아 '項燕'이라 하였다. 그 후손들이 그 읍을 성씨로 삼아 다른 지파의 항씨가 생겨났다.

군망(郡望): 遼西郡.

> 역사상 주요 인물

【項羽】秦漢 西楚霸王.
【項斯】당대 시인.
【項炯】원대 시인.
【項元淇】명대 서예가.
【項思敎】명대 廣西按察使.

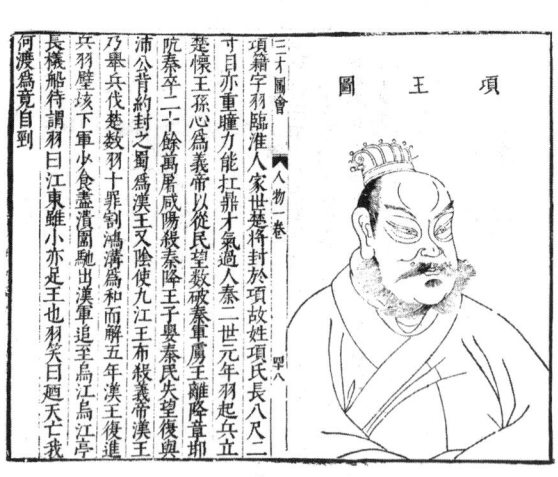

項羽《三才圖會》

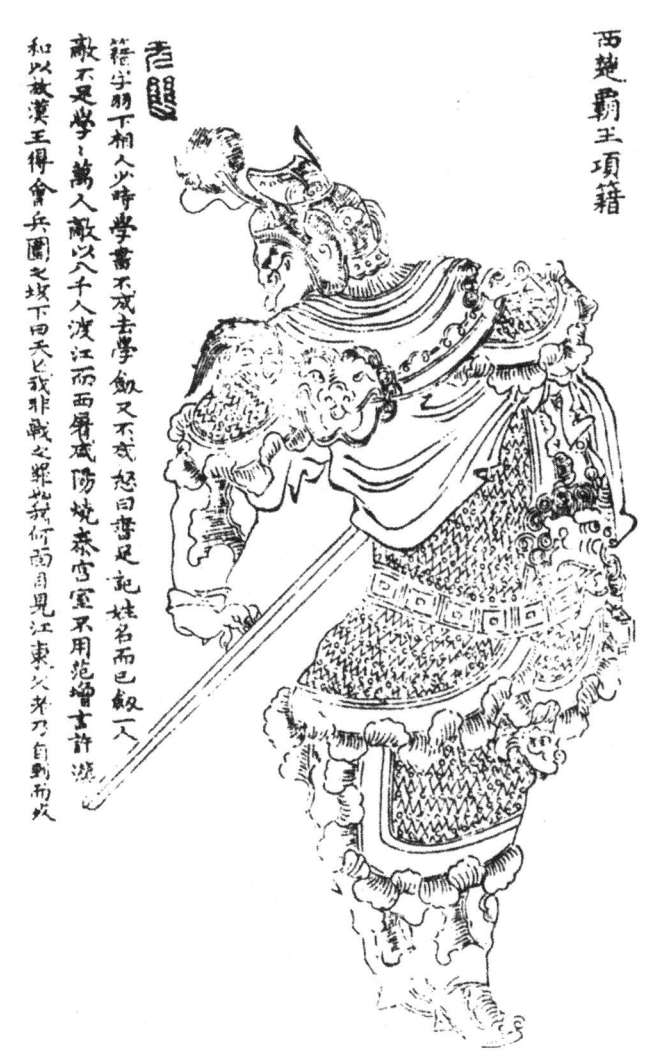

〈項羽〉清 金古良《無雙譜》

126
祝(zhù): 축

祝　주로 四川, 安徽 등지에 집중적으로 분포함.

(원류)

① 기성己姓에서 기원

　西周 초 周 武王이 고대 黃帝(己姓)의 후예 火正 祝融의 후손을 祝(지금의 山東 長淸縣 동쪽)에 봉하여 黃帝의 제사를 받들도록 하였다. 춘추시대 이 축국이 齊나라에 병탄되자 그 자손이 나라 이름을 성씨로 삼은 것이다.

② 축사씨祝史氏에서 기원

　先秦시대 직책으로 제사 때 祝禱의 문장을 지어 신에게 전달하는 일을 맡은 관직이 있어 이를 巫史 또는 祝史라 불렀다. 그 후손이 이 祝史의 관직 이름을 성씨로 삼은 것이다.

③ 외족의 개성

　北朝 後魏 鮮卑族 叱盧氏가 漢化하면서 祝을 성씨로 삼았고, 清代 滿洲族 八旗의 愛新覺羅氏와 喜塔喇氏의 일부가 성을 祝으로 바꾸었다.

군망(郡望) : 太原郡.

역사상 주요 인물

【祝聃】 춘추 鄭 대부.
【祝欽明】 당대 학사.
【祝穆】 남송 학자, 주희제자.
【祝允明】 명대 서예가, 吳中四才子의 하나.
【祝萬齡】 명대 학자.

127
董(Dǒng): 동

董 중국 30大姓의 하나. 730여만 명(현재 중국 전체 인구의 약 0.61%). 주로 華北, 東北, 西南 각 지역에 분포함.

> 원류

① 高陽氏에서 기원

顓頊 高陽氏의 후예 叔安이 鬷(지금의 湖北 襄樊市 북쪽)를 봉지로 받았다. 숙안의 아들이 용을 기르는 데 뛰어나 舜임금 때 남방 제후들이 이를 공물로 바치자, 그 아들이 이를 관리하여 豢龍氏라 불렸다. 아울러 그 공으로 董(지금의 山西 文喜縣 동북)을 봉지로 받아 동보(董父)라 불렸다. 이 董國이 夏商周 삼대를 지나 춘추 시대 晉나라에게 병탄되자 그 자손이 나라 이름을 성씨로 삼은 것이다.

② 사성姒姓에서 기원

夏나라 禹王은 姒姓으로써 그 서자가 莘(지금의 陝西 合陽縣 동남)에 봉해졌다. 고대 '莘'과 '辛'은 통용자로 그 후손이 辛씨가 되었다. 周나라가 들어서자 이 신씨의 후손이 대대로 주나라 史官이 되었으며, 춘추시대 주나라 대부 辛有의 아들이 晉나라에 들어가 역시 사관이 되었다가 고대 董國이었던 땅을 봉지로 받았다. 이에 그 후손이 봉지 이름을 성씨로 삼은 것이며 晉나라 11대 귀족 중의 하나로 발전하였다.

③ 외족의 개성

　청대 滿洲族 八旗의 董鄂氏·棟鄂氏·佟佳氏·珠赫氏 등이 董성으로 바꾸었으며, 오늘날 동북 지역 동씨들은 이와 관련이 깊은 것으로 알려져 있다.

군망(郡望) : 隴西郡.

역사상 주요 인물

【董狐】 춘추 晉 사관.
【董仲舒】 서한 학자, 사상가.
【董宣】 동한 洛陽令.
【董允】 삼국 蜀漢 재상.
【董庭蘭】 당대 琴師.
【董源】 오대 南唐 화가.
【董解元】 金代 희곡작가.
【董其昌】 명대 서화가.
【董邦政】 명대 抗倭名將.
【董說】 청대 학자.

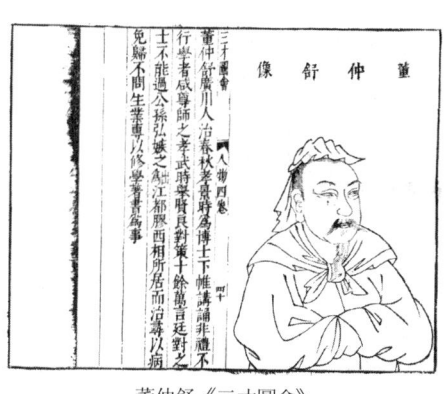

董仲舒 《三才圖會》

128
梁(Liáng): 량

중국 30大姓의 하나. 1,000여만 명(현재 중국 전체 인구의 약 0.84%). 전형적인 남방 성씨로 廣東 지역에 집중적으로 분포함.

원류

① 영성嬴姓에서 기원

少昊 金天氏의 후예 伯益이 禹의 치수를 도와 공을 세워 嬴姓을 얻게 되었다. 周 宣王 때 백익의 후예 秦仲이 西戎을 정벌하는 데 공을 세웠으며, 그 막내아들 康이 夏陽의 梁山(지금의 陝西 韓城縣 남쪽)에 봉을 받아 梁伯康이라 불렸다. 춘추시대 그 梁나라가 秦 穆公에게 멸망하자, 그 족인이 나라 이름을 성으로 삼은 것이다. 한편 그 중 일부는 晉나라로 도망하여 海梁, 高梁, 曲梁 등지에 모여 살면서 스스로 梁氏라 칭하게 된 것이다.

② 희성姬姓에서 기원

東周 平王이 그 아들 唐을 南梁(지금의 河南 臨汝縣 서쪽)에 봉하여 제후국으로 삼았다. 그 梁나라가 楚나라에게 망한 뒤 그 자손이 나라 이름을 성씨로 삼은 것이다.

③ 외족의 개성

北朝 後魏 鮮卑族의 拔列蘭氏와 淸代 滿洲族 八旗의 良佳氏가 한화하면서 성씨를 梁으로 하였다.

군망(郡望) : 安定郡.

역사상 주요 인물

【梁冀】 동한 대장군.
【梁鴻】 동한 문학가.
【梁肅】 당대 문학가.
【梁顥】 북송 대신.
【梁紅玉】 남송초 抗金 영웅.
【梁楷】 남송 화가.
【梁辰魚】 명대 희곡작가.
【梁章鉅】 청대 사학가.
【梁同書】 청대 서예가.

129
杜(Dù): 두

> 杜 중국 80大姓의 하나. 480여만 명(현재 중국 전체 인구의 약 0.4%). 주로 遼東半島와 四川 등지에 분포함.

(원류)

① 기성祁姓에서 기원

서주 초 周 成王이 帝堯가 후예가 세웠던 唐(지금의 山西 翼城縣 서쪽)을 멸하고, 자신의 어린 아우를 그 땅에 봉하고 대신 원래 당나라 군주는 杜 (지금의 陝西 西安市 동남 杜陵)로 강제 이주시켜 杜伯으로 칭하였다. 뒤에 두백이 무고하게 周 宣王에게 피살되자 그 주민이 도망하였고, 그 두성에 남아 있던 자들이 杜氏를 성으로 삼게 되었다. 춘추 초 이 杜나라는 秦 甯公에게 멸망하고 말았다.

② 외족의 개성

北朝 後魏 鮮卑族이 獨孤渾氏가 中原으로 들어와 杜氏로 바꾸었고, 청대 滿洲族 八旗의 都善氏와 圖克坦氏 등이 집단적으로 杜氏를 성으로 하였다.

군망(郡望) : 京兆郡.

역사상 주요 인물

【杜詩】 동한 南陽太守.
【杜密】 동한 명신.
【杜林】 동한 학자.
【杜預】 서진 명자, 학자.
【杜如晦】 당초 명재상.
【杜佑】 당대 사학가.
【杜審言】 당대 시인.
【杜甫】 당대 시인, 詩聖.
【杜牧】 당대 시인.
【杜瓊】 명대 시인.

杜甫(712~770)

130
阮(Ruǎn): 완

阮 주로 浙江, 福建, 山東, 湖北 등지에 집중적으로 분포함.

[원류]

① 언성偃姓에서 기원

두 갈래로 나눌 수 잇다. 첫째는 고대 고요(皐陶)가 지금의 山東 曲阜에서 태어나 偃姓을 취하였으며, 그 후손이 商나라 때 阮國(지금의 甘肅 涇川縣)을 세웠다. 商末 周族이 번성하여 阮國을 멸망시키자 阮君의 족인이 나라 이름을 성으로 삼은 것이다. 둘째 西周 중기 山東 남부 지역에 활동하던 고요의 후손이 阮鄕侯로 봉해졌으며, 그 완향후의 후손이 阮씨를 성으로 삼게 되었다.

② 외성의 개성

《南史》에 의하면 東晉 말 石姓이 阮姓으로 개성한 것으로 되어 있다. 한편 지금 소수민족 중에 回族, 彛族, 苗族, 傣族, 京族, 蒙古族, 朝鮮族, 錫伯族, 僮族 등에 일부 阮姓이 있다.

군망(郡望) : 陳留郡.

역사상 주요 인물

【阮瑀】 동한말 문학가, 建安七子의 하나.
【阮籍·阮咸】 삼국 魏 명사, 竹林七賢들.
【阮孝緖】 남조 梁 학자.
【阮元】 청대 內閣大學士, 학자.

완적(阮籍) 죽림칠현 江蘇 南京 西善橋 宮山墓 벽화

131
藍(Lán): 람

藍 주로 廣東, 廣西 지역에 분포함.

원류

① 미성芈姓에서 기원

춘추 말 楚(芈姓)나라 공족 대부 亹(亹)이 藍縣(지금의 湖北 荊門市 동쪽)의 尹(현령)으로 임명을 받아, 그 후손들이 지명을 성씨로 삼은 것이다.

② 영성嬴姓에서 기원

전국시대 秦(嬴姓)나라 임금의 아들 向이 藍邑(지금의 陝西 藍田縣)에 봉을 받아, 그 후손들이 지명을 성씨로 삼은 것이다.

③ 藍氏와 蘭氏의 구분

지금 중국에서는 藍(lán)자를 현대 음이 같다고 하여 蘭(lán)으로 표기하고 있으나, 둘은 서로 다른 성이다. 蘭씨는 춘추시대 鄭(姬姓) 穆公의 후예이다.

군망(郡望) : 汝南・中山郡.

역사상 주요 인물

【藍敏】 동한 명사.
【藍采和】 당말 逸士, 八仙의 하나.
【藍奎】 남송 학자.
【藍瑛】 명말 화가.
【藍廷珍】 청대 福建水師提督.

132
閔(Min): 민

 주로 섬서 일대에 집중적으로 분포함.

원류

ⓞ 희성(姬姓)에서 기원하였다. 춘추시대 魯(姬姓) 莊公의 아들 姬啓가 왕위에 올라 2년 만에 시해되어 그 시호를 '閔公'이라 하였다. 그 후손들이 조상의 시호를 성으로 삼은 것이다. '閔'은 원래 〈諡號法〉에 "夭折而死於不道"한 자를 뜻하는 글자이다.

군망(郡望) : 隴西・魯郡.

역사상 주요 인물

【閔子騫】 춘추 노나라 현인, 공자제자.
【閔貢】 동한 명사.
【閔廷甲】 명대 通政使.
【閔貞】 청대 화가.

133
席(xí): 석

 주로 陝西, 河南 등지에 집중적으로 분포함.

원류

① 고대 석씨席氏에서 기원

堯임금이 일찍이 康衢에서 어떤 노인을 만났는데 스스로 席氏라 하면서 擊壤歌를 불렀다. 요가 이를 듣고 그를 師로 삼았다 하며, 그 후손이 席氏를 성으로 삼았다.

② 적성籍姓의 개성

춘추시대 晋나라 대부로 伯黶이라는 자가 진나라 典籍을 관리하는 임무를 맡으며, 그 손자 談이 籍을 성씨로 삼아 籍談이라 하였다. 이 적담의 후손 적괴(籍瓌)가 西楚霸王 項羽의 모신이 되었다. 그런데 항우의 이름이 '籍'이어서 대신 음이 비슷한 '席'으로 바꾸었으며, 西漢 때 일부 席씨들은 籍씨로 복원하였으나 일부는 그대로 써서 지금까지 내려오고 있다.

군망(郡望) : 安定郡.

역사상 주요 인물

【席廣】 동한 光祿卿.
【席固】 북조 周 驃騎大將軍.
【席豫】 당대 禮部尙書.
【席旦】 북송 吏部侍郞.
【席佩蘭】 청대 여류시인.
【席文卿】 청대 여류화가.

134
季(Ji): 계

 주로 河北, 上海 등지에 집중적으로 분포함.

원류

① 高陽氏에서 기원

전욱 고양씨의 후예 陸終의 여섯째 아들의 이름이 季連이었으며, 그 후손이 이를 취하여 季連氏, 혹은 季氏라 하였다.

② 희성姬姓에서 기원

춘추시대 魯(姬姓) 莊公의 아들 季友가 魯 僖公 때 상국이 되었다. 계우가 죽자 그 후손이 계속 노나라에 집정대신이 되어 계우의 손자 계행보(季行父)로 이어졌으며 당시 습속에 따라 季孫氏라 칭하였다. 이 계손씨의 후손이 줄여서 季氏라 한 것이다.

③ 항렬에 따른 성씨

고대 아들의 자나 이름에 伯, 仲, 叔, 季로 항렬을 정하였다. 그 때문에 이 글자를 넣어 이름과 자를 쓴 예가 극히 많았다. 그 중 季자를 쓴 지손 후손들이 각기 자신의 조상 이름에서 季자를 취하여 성씨로 삼게 되었다.

군망(郡望) : 魯郡・渤海郡.

역사상 주요 인물

【季布】 서한초 명장.
【季陵】 북송말 학자.
【季厚禮】 명대 효자.
【季本】 명대 長沙知府.
【季振宜】 청대 장서가.

135
麻(Má): 마

 주로 浙江, 吉林, 江蘇 등지에 분포함.

원류

ⓞ 미성(芈姓)에서 유래되었다. 춘추시대 楚(芈姓)나라 대부로써 麻邑(지금의 湖北 麻城縣)에 봉을 받은 자가 있었고, 그 뒤 후손을 嬰이라는 자가 있어 齊나라로 도망하여 麻嬰이라 하였으며, 제나라 대부가 되었다. 그 후손들이 이에 그 성을 취한 것이다.

군망(郡望) : 上谷郡.

역사상 주요 인물

【麻光】 한대 어사대부.
【麻居禮】 당대 화가.
【麻九疇】 金代 한림학사.
【麻革】 원대 시인.
【麻貴】 명대 寧夏總兵.

136
强(Qiáng): 강

强 주로 安徽 등지에 집중적으로 분포함.

(원류)

① 軒轅氏에서 기원

황제 헌원씨의 현손 이름이 우강(禹彊)이었다. 이에 그 후손이 '彊'자를 성씨로 삼았으며, 고대 '彊', '疆', '强'은 통용자로써 '强'으로 표기하였던 것이다.

② 강성姜姓에서 기원

염제(姜姓)의 후손으로 춘추 齊나라 공족대부 叔强이 있었다. 그 후손이 조상의 이름을 성씨로 삼은 것이다.

③ 외족의 개성

삼국 蜀漢에 强端이 있었으며, 그 후손이 略陽(지금의 甘肅 秦安縣)으로 도망하여 그곳 羌族과 섞여 살게 되면서 강족이 이 성씨를 따르게 되었다. 한편 金代 女眞族으로 都烈氏와 淸代 滿洲族 八旗의 强恰哩氏 등이 차례로 성씨를 强으로 바꾸었다.

군망(郡望) : 天水郡.

역사상 주요 인물

【强平】十六國 前秦 광록대부.
【强循】당대 大理少卿.
【强至】북송 祠部郎中.
【强仕】명대 廣昌尹.

137
賈(Jiǎ): 가

 중국 50大姓의 하나. 500여만 명(현재 중국 전체 인구의 약 0.42%). 주로 河北, 山西, 河南 등지에 분포함.

(원류)

① 희성姬姓에서 기원

다시 두 갈래로 나눌 수 있다.
첫째는 서주 초 周 康王이 唐叔虞(周 成王의 아우)의 막내아들 公明을 賈(지금의 陝西 蒲城縣 서남)에 봉하였다. 뒤에 이들이 山西 襄汾縣 서남으로 옮겼다가 춘추시대 이 賈國이 晉 武公에게 망하자, 그 자손이 나라 이름을 성씨로 삼게 된 것이다.
둘째 晉(姬姓) 襄公이 족인 狐偃의 아들 射姑를 옛 賈國 땅에 봉하여 賈季, 賈佗로 불렀다. 가타가 조돈(趙盾)과 세력 경쟁에 실패하여 다른 나라로 도망하자 그 후손이 성을 賈氏로 한 것이다.

② 외족의 개성

淸代 滿洲族 八旗의 嘉佳氏 등이 집단적으로 성씨를 賈氏로 하였다.

군망(郡望) : 武威郡.

역사상 주요 인물

【賈誼】 서한초 학자.《新書》저술.
【賈山】 서한 학자.
【賈逵】 동한 학자.
【賈充】 서진 재상.
【賈思勰】 북조 後魏 농학가.
【賈島】 당대 시인.
【賈公彦】 당대 학자.
【賈仲明】 명초 희곡작가.

〈賈誼〉 청각본《歷代名臣像解》

138
路(Lù): 로

 주로 河北, 山東, 安徽, 河南 등지에 집중적으로 분포함.

원류

① 운성妘姓에서 기원

전욱 고양씨의 후예 陸終은 妘姓으로 그 넷째 아들 求言이 路 땅에 봉해져 그 후손이 路자를 성씨로 삼았다.

② 희성姬姓에서 기원

帝嚳 高辛氏의 후예로 玄元이 帝堯 때 공을 세워 路中侯로 봉해졌다. 이들 후손이 夏대에 망하자, 그 자손이 路를 성씨로 삼았다.

帝嚳高辛氏《三才圖會》

③ 강성姜姓에서 기원

황제 헌원씨가 炎帝의 서자를 潞(지금의 山西 長治市)에 봉하였다. 춘추시대 潞子嬰兒가 있었으며, 그 후손이 봉지 이름을 성씨로 삼아 潞氏로 하였다가 뒤에 'ㆍ'를 제하고 路자를 쓰게 되었다.

④ 외성隗姓에서 기원

　赤狄이 세웠던 潞國(지금의 山西 潞城縣 동북)은 隗氏로써 춘추시대 이 나라가 晉나라에게 망하자, 그 나라 사람들이 潞를 성씨로 하였다가 줄여 路씨로 하였다.

⑤ 외족의 개성

　北朝 後魏 鮮卑族 沒潞眞氏(沒鹿眞氏, 末路眞氏)가 中原으로 들어와 漢化하면서 路씨를 성씨로 하였다.

군망(郡望) : 陳留郡.

역사상 주요 인물

【路博德】 서한 명장.
【路溫舒】 서한 臨淮太守.
【路雄】 북조 後魏 伏波將軍.
【路隋】 당대 재상.
【路振】 북송 학자.
【路學宏】 청대 화가.

〈唐堯〉

139
婁(Lóu): 루

 주로 貴州, 江西, 黑龍江, 河南 등지에 집중적으로 분포함.

원류

① 고대 이루離婁의 후예

고대 황제 때 눈이 밝기로 이름난 離婁가 있어 백 보 밖의 물건을 볼 수 있으며 秋毫의 끝을 볼 수 있었다 한다. 그 후손이 이에 '婁'자를 성씨로 삼은 것이다.

② 사성姒姓에서 기원

西周 초 周 武王이 夏王 少康의 후예 東樓公을 杞(지금의 河南 杞縣)에 봉하였다. 춘추시대 기국이 楚나라에게 망하자, 동루공의 후손들이 다시 婁(지금의 山東 諸城縣 서남)로 봉지를 옮겨 東婁公이라 하였다. 그 후손들이 봉지를 성씨로 '婁'로 한 일파와, 조상의 봉호를 성씨로 하여 '樓'로 한 자가 나뉘어 '婁', '樓' 두 성씨가 있게 되었다.

③ 운성妘姓에서 기원

서주 초 顓頊 高陽氏의 후예가 邾(지금의 山東 鄒城市 동남)에 봉해졌으며, 이들이 뒤에 婁 땅을 겸병하여 邾婁國이라 불렀다. 이 나라가 뒤에 魯나라에 망하자 그 자손들이 나라 이름을 취하여 '邾', '婁' 두 성씨가 나타나게 되었다.

④ 외족의 개성

北朝 後魏 鮮卑族의 疋婁氏, 伊婁氏, 蓋婁氏, 乙邢婁氏 등이 모두 성을 婁씨로 바꾸었다.

군망(郡望) : 譙郡.

역사상 주요 인물

【婁敬】 서한초 建信侯.
【婁師德】 당대 재상.
【婁機】 남송 參知政事.
【婁樞】 명대 학자.
【婁堅】 명대 시인.

140
危(Wēi): 위

 주로 福建 등지에 분포함.

(원류)

① 남방 三苗族에서 기원

堯임금이 천하를 舜에게 물려주자, 요임금의 아들 丹朱가 불만을 품고 河南 남부에서 湖南, 江西 북부 일대에 있던 三苗族과 연합하여 반란을 일으켰다. 이에 순이 이들을 진압한 뒤 서북 지역 三危山(지금의 甘肅 敦煌市 동쪽)으로 이주시켜 버렸다. 이들이 그 산 이름의 '危'자를 취하여 성씨로 삼은 것이다.

② 외성의 개성

元末明初 문학가 危素의 조상은 원래 黃氏였는데 危氏로 개성한 것이며, 그 아들이 이를 그대로 이어받아 위씨로 굳어졌다.

(군망(郡望)) : 汝南郡.

[역사상 주요 인물]

【危全諷】오대 後梁 節度使.
【危德昭】오대 吳越 승상.
【危稹】남송 학자.
【危亦林】원대 명의.
【危素】원말명초 문학가.

141
江(Jiāng): 강

> 江 중국 80大姓의 하나. 310여만 명(현재 중국 전체 인구의 약 0.26%). 廣西, 浙江, 安徽 지역에 주로 분포함.

[원류]

① 영성贏姓에서 기원

서주 초 少昊 金天氏의 후예 伯益의 후손이 江(지금의 河南 正陽縣)에 봉해져 춘추시대 楚나라에게 멸망하였다. 이에 그 족인이 나라 이름을 성씨로 하여 강으로 하였다. 그 중 한 지파는 濟水 유역으로 이주하여 濟陽江氏가 되었으며, 다른 한 지파는 하동으로 이주하여 지금의 河南 淮陽으로 들어가 淮陽江氏가 되었다.

② 泉州의 강씨

송나라 때 福建 泉州의 翁乾度가 여섯 아들을 낳아 각기 하나씩의 성씨를 주었다. 그 중 둘째 處恭에게 강씨 성을 주어 강처공이라 불렀다. 그 후손이 이를 그대로 이어받아 강씨 성을 갖게 되었다. 이에 옹씨가 여섯으로 분화되었다 하여 세칭 '六桂聯芳'이라 한다.

군망(郡望) : 濟陽郡.

역사상 주요 인물

【江翁】 서한 학자.
【江革】 동한 효자.
【江淹】 남조 梁 시인.
【江參】 남송 화가.
【江時途】 명대 명의.
【江永·江聲·江藩】 청대 학자.

142
童(Tóng) : 동

 주로 雲南 등지에 많이 분포함.

[원류]

① 高陽氏에서 기원

고대 顓頊 高陽氏가 아들 老童을 낳았다. 그 자손들이 童자를 성으로 삼은 것이다.

② 풍성風姓에서 기원

고대 赫胥氏(風姓)의 자손들이 일부는 胥씨를 성씨로 삼았다. 春秋 시대에 이르러 晉나라 대부 胥童이 참언으로 晉 厲公에게 죽음을 당하자, 그 후손들이 화를 면하기 위하여 조상의 이름을 성씨로 삼았다.

[군망(郡望)] : 渤海·雁門郡.

역사상 주요 인물

【童恢之】 한대 良吏.
【童伯羽】 남송 학자.
【童原】 명대 화가.
【童朝儀】 명대 명장.
【童鈺】 청대 화가.

143
顔(Yán): 안

 주로 山東半島에 집중적으로 분포함.

원류

① 희성姬姓에서 기원

서주 초 周公(姬旦)의 장자 伯禽이 魯나라에 봉해졌고, 백금이 다시 자신의 서자를 顔邑(지금의 山東 鄒城市)에 분봉하였다. 이에 그 후손이 읍 이름을 성씨로 삼은 것이다.

② 조성曹姓에서 기원

西周 초 周 武王이 顓頊 高陽氏의 후손 중 曹姓의 후예 挾을 邾(지금의 山東 鄒城市 동쪽)에 봉하였다. 그 후예 중 邾 武公의 이름이 夷甫였으며 자가 伯顔이었다. 이에 다시 그 막내아들 友를 郳(郳, 지금의 山東 滕州市 동쪽)에 분봉하여 小邾子라 불렀다. 전국시대 邾나라가 楚나라에게 멸망하자, 小邾子의 후예가 혈통을 내세워 조상의 자를 성씨로 삼아 顔씨라 하였다.

군망(郡望): 魯郡.

역사상 주요 인물

【顔回】顔淵, 공자제자.
【顔延之】남조 宋 시인.
【顔之推】북조 齊 문학가.
【顔師古】당대 학자.
【顔杲卿】당대 御史中丞.
【顔眞卿】당대 명신, 서예가.
【顔元】청대 학자.

144
郭(Guō): 곽

> 郭 중국 20大姓의 하나. 1,400여만 명(현재 중국 전체 인구의 약 1.15%). 주로 華北 각 지역에 분포함.

(원류)

① 임성任姓에서 기원

　黃帝의 아들 禺陽은 혹 禺虢으로도 표기하며 任(지금의 河北 任縣 서북)을 봉지로 받았다가 뒤에 남쪽 지금의 山東 濟寧市 동남으로 옮겼다. 우곽의 후예가 夏나라 때 郭國(지금의 山東 聊城市 서북, 고대 郭과 虢은 통용)을 세웠다가 춘추시대 曹나라에게 망하였다. 이에 그 자손들이 나라 이름을 성씨로 삼은 것이다.

② 희성姬姓에서 기원

　서주 초 주 무왕이 叔虢仲을 西虢(지금의 陝西 寶雞市 동쪽)에 봉하였고, 이들이 東周 초 지금의 河南 陝縣 동남으로 옮겨 南虢이라 하였다. 춘추시대 이 나라가 晉나라에게 망하자, 서곽에 남아 있던 이들을 小虢이라 불렀는데 역시 춘추시대 秦나라에게 망하고 말았다. 한편 주 무왕의 다른 아우 叔虢叔이 東虢(지금의 河南 滎陽市 북쪽)에 봉해졌으며, 동주 초 이들이 지금의 山西 남부 平陸縣으로 옮겨 이를 北虢이라 불렀으며 뒤에 晉나라에게 망하였다. 주나라에 다시 虢叔의 손자 虢序가 陽曲(지금의 한서)에 봉해져서

郭公이라 불렸다. 서주 때의 이 네 虢國과 郭公의 후손들이 모두 郭씨를 성으로 하였으며 그 중 곽공의 곽씨가 오늘날 곽씨의 주된 姓源이다.

③ 지역 이름에서 기원

원래 곽은 외곽, 외성을 뜻하였다. 이에 그 외곽 근처에 살던 사람들이 곽을 성씨로 하였을 가능성이 있다. 이와 달리 역시 성곽을 중심으로 東郭氏, 南郭氏, 西郭氏, 北郭氏 등이 있었으며 뒤에 이들이 줄여서 郭씨라 하였다. 이들은 주로 先秦시대 북방지역에 분포하였다.

④ 외족의 개성

청대 滿洲族 八旗의 郭羅氏・郭爾佳氏・托爾佳氏・郭佳氏 등이 漢化하면서 郭을 성씨로 하였다.

군망(郡望) : 太原・華陰郡.

역사상 주요 인물

【郭解】 서한초 名俠.
【郭泰】 동한 명사.
【郭嘉】 동한말 모사.
【郭象】 서진 사상가.
【郭璞】 동진 학자.
【郭子儀】 당대 명장.
【郭威】 오대 後周 개국 황제.
【郭熙】 북송 화가.

【郭守敬】원대 학자.
【郭子興】원말 紅巾軍 수령.
【郭嵩燾】청말 외교관.

145
梅(Méi): 매

> 梅 주로 雲南, 浙江, 江西, 安徽, 江蘇, 河南 등지에 분포함.

[원류]

① 자성子姓에서 기원

商나라 太丁의 아우가 梅(지금의 安徽 亳州市 남쪽)에 봉을 받아 梅伯이라 불렸다. 상나라 말기 매백이 紂에게 직언을 하다가 죽음을 당하여 나라가 폐지되었다. 서주 초 周 武王이 매백을 忠侯로 추서하여 시호를 내렸으며, 아울러 그 후손을 黃梅 땅에 봉하였다. 이에 그 자손들이 梅자를 성씨로 삼은 것이다.

② 외족의 개성

南蠻에 梅성이 있었으며, 북방 奚族에도 역시 매씨가 있었다. 그리고 청대 만주족 八旗의 梅街氏는 위에 梅성으로 개성하였다.

[군망(郡望)] : 汝南郡.

> 역사상 주요 인물

【梅福】서한 逸士.
【梅賾】晉代 豫章太守.
【梅堯臣】북송 시인.
【梅鼎祚】명대 희곡작가.
【梅文鼎】청대 학자.
【梅庚】청대 시인, 서화가.

146
盛(shèng): 성

 주로 湖南, 浙江 등지에 집중적으로 분포함.

원류

① 희성姬姓에서 기원

다시 두 갈래로 나눌 수 있다.
첫째, 서주 초 周 武王(姬發)이 동성의 제후국을 봉하면서 그 중 盛國(지금의 山東 泰安市 남쪽)이 있었다. 춘추시대 이 성국이 齊나라에게 망하자, 그 유민이 나라 이름을 성씨로 한 것이다.
둘째, 역시 무왕이 召公(姬奭)을 燕나라에 봉하였는데, 그 지손의 서손이 奭을 성씨로 하였다가 서한 때 이르러 漢 元帝(劉奭)의 이름을 피하여 뜻과 음이 비슷한 '盛'으로 바꾸었다.

② 외족의 개성

清代 滿洲族 八旗 盛佳氏 등이 성을 '盛'씨로 바꾸었다.

군망(郡望): 汝南郡.

역사상 주요 인물

【盛吉】 동한 廷尉.
【盛時泰】 원대 화가.
【盛彧】 원대 시인.
【盛林】 명대 화가.
【盛大士】 청대 시인.
【盛彙黃】 청대 화가.

147
林(Lín): 림

> 林 중국 20大姓의 하나. 1,400여만 명(현재 중국 전체 인구의 약 1.2%). 주로 福建, 廣東, 臺灣 등지에 널리 분포함.

원류

① 자성子姓에서 기원

商末 폭군 紂王의 숙부 比干이 간언을 하다가 피살되자, 그 부인이 朝歌(지금의 河南 淇縣) 교외의 長林山으로 피하여 유복자 泉을 낳았다. 周나라가 商(殷)을 멸하자 周 武王이 비간의 충정을 표창하며 아울러 숲 속에서 태어난 그 아들 泉에게 '林'씨 성을 하사하여 이름을 堅이라 하고 博陵(지금의 河北 平安縣)을 봉지로 주었다. 이가 오늘날 林氏의 가장 주된 姓源이다.

② 희성姬姓에서 기원

두 갈래로 나눌 수 있다.
첫째, 東周 초 周 平王의 서자 이름이 林開였으며, 그 후손이 조상의 이름에서 성을 취한 것이다.
둘째, 춘추시대 周나라와 同姓인 衛 殤公의 卿 손림보(孫林父)가 있었다. 그 후손이 그 이름에서 글자를 취하여 성씨로 삼은 것이다.

③ 조성曹姓에서 기원

　춘추시대 曹姓의 莒國(지금의 山東 莒縣)의 대부로써 林邑을 봉지로 받은 자가 있었다. 그 후손이 읍 이름을 성으로 삼았으나, 이 지파의 林씨는 뒤에 더 이상 기록에 나타나지 않아 姬姓林氏나 子姓林氏에 융합된 것으로 보고 있다.

④ 외족의 개성

　北朝 後魏 때 匈奴族의 丘林氏가 林성으로 바꾸었으며, 唐나라 때 福建 建州 畬族의 원주민 林姓은 남하한 漢族과 융화하였다. 그리고 金代 女眞族 仆散氏가 林씨로 바꾸었고, 청대 滿洲族 八旗의 布薩氏·林佳氏 등이 집단적으로 林씨로 바꾸었다.

군망(郡望) : 西河郡.

역사상 주요 인물

【林放】춘추 魯 현인, 공자제자.
【林邈】동한 徐州刺史.
【林逋】북송 시인.
【林光朝】남송 학자.
【林椿】남송 화가.
【林景熙】남송말 시인.
【林鴻】명대 시인.
【林良】명대 화가.
【林昌彝】청대 문학가.
【林則徐】청말 명신.

148
刁(Diāo): 조

> 刁 주로 貴州, 湖南에 집중적으로 분포함.

[원류]

① 인명에서 기원

춘추시대 齊 桓公의 총신으로 豎刁가 있어 管仲과 더불어 환공을 패자로 만들었다. 관중이 죽고 수조가 전권을 휘두르며 내란을 일으켜 피살되자, 그 후손이 조상의 이름을 성씨로 삼게 되었다.

② 외성, 외족의 개성

周 文王 때 동성으로 雕國이 있었다. 그 나라 사람들이 雕氏로 성을 삼았다. 《漢書》에 의하면 고대 "考工雕人之後"라 하여 雕氏가 있었음을 알 수 있다. 춘추시대 齊나라에 貂勃이 있어 그 후손이 초를 성씨로 하였다. 한편 《日知錄》에 의하면 고대 刁, 雕, 貂는 같은 음의 글자이기는 하나 서로 다른 성이었으며, 뒤에 '刁'성으로 통합되었다고 하였다. 지금 雲南 傣族에 '도(刀)'씨 성이 있으며 이들 중 일부는 글자 형태와 발음이 비슷한 '刁'자를 써서 성을 바꾸었다고 한다.

군망(郡望) : 弘農郡.

역사상 주요 인물

【刁韙】동한 尙書.
【刁協】동진 상서복야.
【刁逵】동진 廣州刺史.
【刁雍】북조 後魏 冀州刺史.
【刁光】당대 화가.
【刁戴高】청대 서예가.

149
鍾(zhōng): 종

鍾 중국 60大姓의 하나. 460여만 명(현재 중국 전체 인구의 약 0.38%). 주로 廣東, 廣西 등지에 집중적으로 분포함.

[원류]

① 영성嬴姓에서 기원

顓頊 高陽氏의 후손 伯益이 禹의 치수를 도운 공으로 嬴姓을 받았다. 이 영성 부족이 분화하여 14개의 소부락으로 나뉘었는데 그 중 鍾離部가 있었다. 뒤에 이 종리부가 지금의 山東 臨沂에 나라를 세워 鍾離國이라 하였다. 서주 초 周公 旦이 東征할 때 이 종리국도 17개 나라 중 하나였다. 이에 그들은 남쪽 지금의 安徽 鳳陽 동쪽으로 이주하였다. 춘추시대 이들은 楚나라 부용국이 되었다가 결국 吳나라에게 망하고 말았다. 그 후손이 나라 이름을 성씨로 삼았으며, 일부가 초나라로 도망하여 鍾離城(지금의 湖北 漢川 동쪽)에 정착, 글자를 줄여 종씨라 하였다.

② 자성子姓에서 기원

춘추시대 宋(子姓) 桓公의 증손 伯宗이 晉나라 대부가 되었다가 죄를 지어 권신에게 피살당하였다. 그 아들 州犁가 楚나라로 도망하여 대부가 되어 鍾離城을 식읍으로 받았다. 그 자손이 이에 읍 이름을 성씨로 삼은 것이다. 그리고 그 후손 鍾離昧가 項羽를 따라 反秦 대열에 참여하였다가 항우가 실패하자 자살하였다. 그러자 그 아들 鍾離接이 난을 피하여 穎川 長社(지금의 河南 長葛市)로 숨어들어 성을 종씨로 바꾸었으며 현재 종씨들은 그를 시조로 받들고 있다.

③ 외족의 개성

秦나라 때 남쪽 湖南 鍾水 유역으로 이주한 종리씨들은 그곳 토착민과 융합하여 畬族鍾氏의 선민이 되었다. 그리고 北朝부터 唐代에 이르기까지 지금의 四川 북부, 甘肅 臨洮 일대의 鍾羌族은 뒤에 모두 종씨로 성을 바꾸었으며, 청대 만주족 팔기의 鍾吉氏 역시 종씨를 성으로 택하였다.

군망(郡望) : 穎川郡.

역사상 주요 인물

【鍾子期】 춘추 楚 음악가.
【鍾繇】 삼국 魏 서예가.
【鍾會】 삼국 魏 명장.
【鍾嶸】 남조 梁 문학비평가, 《詩品》 저술.
【鍾嗣成】 원대 희곡작가.
【鍾惺】 명대 문학가.

鍾繇(중국 제일의 楷書大家)

임동석(茁浦 林東錫)

慶北 榮州 上茁에서 출생. 忠北 丹陽 德尙골에서 성장. 丹陽初中 졸업. 京東高 서울 敎大 國際大 建國大 대학원 졸업. 雨田 辛鎬烈 선생에게 漢學 배움. 臺灣 國立臺灣師範大學 國文硏究所(大學院) 博士班 졸업. 中華民國 國家文學博士(1983). 建國大學校 敎授. 文科大學長 역임. 成均館大 延世大 高麗大 外國語大 서울大 등 大學院 강의. 韓國中國言語學會 中國語文學硏究會 韓國中語中文學會 會長 역임. 저서에 《朝鮮譯學考》(中文)《中國學術槪論》《中韓對比語文論》. 편역서에《수레를 밀기 위해 내린 사람들》《栗谷先生詩文選》. 역서에《漢語音韻學講義》《廣開土王碑硏究》《東北民族源流》《龍鳳文化源流》《論語心得》〈漢語雙聲疊韻硏究〉등 학술 논문 50여 편.

임동석중국사상100
백가성 百家姓

作者未詳 / 林東錫 譯註
1판 1쇄 발행/2010년 6월 1일
발행인 고정일
발행처 동서문화사
창업 1956. 12. 12. 등록 16-3799(윤)
서울강남구신사동540-22 ☎546-0331~6 (FAX)545-0331
www.epascal.co.kr
잘못 만들어진 책은 바꾸어 드립니다.

＊

이 책의 출판권은 동서문화사가 소유합니다.
의장권 제호권 편집권은 저작권 법에 의해 보호를 받는 출판물이므로 무단전재와 무단복제를 금합니다.
이 책의 일부 또는 전부 이용하려면 저자와 출판사의 서면허락을 받아야 합니다.

＊

사업자등록번호 211-87-75330
ISBN 978-89-497-0619-1 04080
ISBN 978-89-497-0542-2 (세트)